소중한 인연앞에
놓아주고 싶은
책

소중한 인연앞에 놓아주고싶은 책

양명호 - 지음

징검다리

| 머리말 |

    항상 글을 쓰고 싶다고 생각하면서도 막상 시작한다는 것이 쉽지 않았습니다.
    아마도 그녀에 대한 사랑이 없었다면, 이렇게 많은 인내와 싸워야하는 긴 작업을 마치지 못했을 것이고, 나와의 만남도 없었을지 모릅니다.
    나는 누구에게나 글을 쓰는 재주는 있다고 봅니다. 단지 하나의 주제에 대해서 많은 것들을 끊임없이 생각하고 그 생각들을 백지 위에 옮겨 놓는 작업들이 고통이 될 수 있기 때문에 그것이 어려울 뿐입니다. 내가 이러한 고통을 이겨낼 수 있었던 것은 분명 나에게 그녀가 있었기 때문입니다.
    이 글을 쓰면서 배운 것은, 글은 손으로 쓰는 것도 아니고, 머리로 쓰는 것도 아니고, 가슴으로 쓴다는 것입니다. 사랑이 없는 가슴으로 쓴 사랑에 대한 글로는 어떠한 것도 전할 수 없을 것 같습니다.
    만약 이 글에서 무엇인가를 느끼게 된다면, 그건 내게 그녀를 사랑하는 마음이 있기 때문일 것입니다.
    우리가 함께 한 시간은 15일에 불과합니다. 그리고 지금 그녀는 아주 멀리서 자신의 꿈을 위한 삶을 만들어 나가고 있습니다.

우리의 짧은 사랑에 대해서 부정적인 견해를 가진 사람이 많고, 솔직히 그녀가 떠날 때 나도 혹시나 하는 약간의 걱정이 없지는 않았습니다.

그러나 이 글을 써 가면서 우리의 사랑이 오랫동안 사랑한 사람들 못지않게 강함을 확신할 수 있었습니다.

이러한 내 마음을 전할 수 있는 근사한 선물로써 캐나다에서 열심히 공부하고 있을 그녀에게 이 글을 바치고 싶습니다. 끝으로 이글을 읽는 독자들이 좀 더 용기를 가지고, 확신에 찬 적극적인 사랑을 하여 평생 후회할 사랑의 멍에를 가슴속에 묻지 않기를 바라며, 또한 젊은 날의 황금같은 많은 시간을 사랑의 상처로 인해 얼룩지게 하지 않도록 이 글이 조금이라도 보탬이 되었으면 하는 마음 소원합니다.

양 명 호

| 차례 |

그 사람을 사로잡는 법1   Playboy와 Playgirl이 만날 때 11

그 사람을 사로잡는 법2   만남은 작은 노력의 결과이다 17

그 사람을 사로잡는 법3   유머 감각을 갖자 24

그 사람을 사로잡는 법4   아름다워지자 29

그 사람을 사로잡는 법5   환상에서 깨어나자 35

그 사람을 사로잡는 법6   눈높이 사랑을 하자 43

그 사람을 사로잡는 법7   나를 인식 시키자 50

그 사람을 사로잡는 법8   스테이크보다 삼겹살을 55

그 사람을 사로잡는 법9   이성을 친구로, 친구를 연인으로 만들자 61

그 사람을 사로잡는 법10   이미 그에게 애인이 있더라도 상관말자 68

그 사람을 사로잡는 법11   그를 만족 시켜야 한다 74

그 사람을 사로잡는 법12	잃는 건 쪽팔림뿐이다	81
그 사람을 사로잡는 법13	세 살 쯤 젊어지자	87
그 사람을 사로잡는 법14	사랑할 수 있다는 것만으로도 기뻐하자	93
그 사람을 사로잡는 법15	결혼에 대한 생각을 바꾸자	99
그 사람을 사로잡는 법16	상대방에 나를 맞추자	105
그 사람을 사로잡는 법17	사랑이 없다는 것도 알자	111
그 사람을 사로잡는 법18	이벤트를 만들자	117
그 사람을 사로잡는 법19	꽃보다는 키스가 효과적이다	122
그 사람을 사로잡는 법20	로맨스를 만들자	128
그 사람을 사로잡는 법21	거리로 나가자	134
그 사람을 사로잡는 법22	편안함을 만들어 긴장을 없애자	139

그 사람을 사로잡는 법23	야한 농담으로 분위기를 잡자 145
그 사람을 사로잡는 법24	상대방의 꿈을 소중하게 생각하자 152
그 사람을 사로잡는 법25	지하철표 한 장의 사랑을 전하자 156
그 사람을 사로잡는 법26	그녀가 마시던 쥬스를 마셔 보자 161
그 사람을 사로잡는 법27	매일 초콜릿을 선물하자 166
그 사람을 사로잡는 법28	키스를 잘 하자 172
그 사람을 사로잡는 법29	추억의 장소를 만들자 178
그 사람을 사로잡는 법30	사랑에는 면역되지 말자 183
그 사람을 사로잡는 법31	우연을 가장한 필연을 만들자 188
그 사람을 사로잡는 법32	사랑은 만남보다 지킴이 중요하다 194

그 사람을 사로잡는 법33	집착에서 벗어나자 201
그 사람을 사로잡는 법34	365일, 섹스를 즐기자 206
그 사람을 사로잡는 법35	가벼운 남자를 만들자 213
그 사람을 사로잡는 법36	추억이 있는 사람이 아름답다 220
그 사람을 사로잡는 법37	편지를 쓰자 226
그 사람을 사로잡는 법38	같이 할 수 있는 일을 만들자 232
그 사람을 사로잡는 법39	가난한 연인이 될 수 있어야 한다 237
그 사람을 사로잡는 법40	몸이 멀어지면 마음이 멀어진다 243
그 사람을 사로잡는 법41	남자와 여자가 만날 때 247

그 사람을 사로잡는 법 1

playboy와 playgirl이 만날 때

사랑의 테크닉을 발휘해 보십시오

Playboy나 Playgirl에 대해서 좋은 느낌을 가지지는 않습니다. 한마디로 바람둥이들이죠. 그런데 평소에는 Playboy를 경멸하다가도 막상 자신 앞에 그런 남자가 나타나면 그와 사랑에 빠지는 경우가 흔하다고 합니다.

　남자들도 마찬가지입니다. 사랑에 대한 경험이 적을수록 그럴 가능성이 높은 것은 그만큼 사랑에 대한 면역성이 없어서 그런걸까요? 아니면 그들이 가지고 있는 무기의 위력이 막강해서 일까요.

수려한 외모, 능숙한 말솜씨, 확실한 자기 주장, 자기 분야에서의 프로 근성, 저돌적으로 다가오는 적극성, 기회를 놓치지 않는 민첩성······.

평생 한 사람을 만나는 것도 쉽지 않은데 그들은 많은 사람들과 사귀고 결국엔 멋진 사람과 결혼까지 합니다. 남자대 여자의 비율이 1:1이라고 가정해 보면 사람이 다수를 차지하고 있을 때 그렇지 못한 사람에게 돌아갈 기회는 적어지는 것이 당연합니다. 그리고 Playboy들은 항상 예쁘고 착한 여자하고만 어울려 다닙니다.

"모두 다 눈이 삐었어."

은근히 둘러대 보지만 그래도 웬지 유쾌하지가 않습니다.

"그들과 어울리는 쟤들도 다 똑같을 거야."

나쁜 쪽으로 추측해 보지만 한편으로는 부럽기도 합니다. 그들이 진정한 사랑과 거리가 먼 족속들이라고 몰아 부치더라도 여자들에게 인기가 있는 것은 사실입니다. 무엇 때문일까요?

거기에는 나름대로 이유가 있을 것입니다. 지금 이 글을 읽는 독자에게 바람둥이가 되어야 사랑을 할 수 있다는 말을 하려는 것은 아닙니다. 그러나 사랑에도 약간의 테크닉은 필요합니다.

Playboy나 Playgirl들이 많은 여성으로부터 또는 많은 남성으로부터 관심을 끌어내는 데는 그들만이 가지고 있는 장점이 있기 때문입니다.

첫째, 이성을 대할 때 망설이지 않는 적극성이 있습니다.

그것이 창피당하는 일이라고는 생각하지 않습니다. 마음에 드는 사람이 나타나면 거리낌 없이 다가가며 뒤에서 쑥덕거리는 것은 아예 성미에 맞지 않습니다.

둘째, 처음 만나는 상대라도 편안하게 대하는 능력이 있습니다.

약간의 능숙한 말솜씨와 나름대로의 노하우로 상대방에게서 적대감을 없애버립니다. 하루를 만나도 마치 아주 오래 전부터 알고 지내온 것 같이 느낄 수도 있고 한 달을 만나도 매번 어색할 수 있습니다. 이런 면에서 사람을 편하게 만든다는 것이 큰 재주임에 틀림없습니다.

셋째, 유쾌한 유머의 소유자입니다.

유머로 분위기를 띄우고 상대방에게 웃음을 주는 것이 두 사람 사이에 놓인 벽을 일시에 허물 수 있음을 잘 알고 있습니다.

넷째, 자신을 잘 가꾸려고 남들보다 노력합니다.

이외에도 그들이 가지고 있는 장점은 많습니다. 일에 있어 남들보다 더 앞서 가려는 근성이 강합니다. 하는 일 없이 빈둥거리거나 자기 일 하나 제대로 처리 못하는 사람은 아무리 뛰어난 끼를 지녔어도 매력을 풍기기는 힘듭니다. 오히려 남들에게 호감을 사는 사람들이 자기 일에서도 최고가 되려고 하는 투지를 지니고 있습니다.

이런 면에서 Playboy나 Playgirl들은 나름대로의 장점을 가지고 있다고 보아도 될 것입니다. 영화나 소설처럼 우연한 만남이 이루어지고 두 사람이 함께 사랑에 빠진다면 얼마나 행운이겠습니까? 그러나 우리는 영화도 소설도 아닌 현실세계에서 사랑을 찾아야 합니다. 자연스럽게 사랑하는 사람을 만난다면 좋겠지만 대부분의 사람은 그런 행운을 잡지 못하고 외로워할 것입니다. 그렇다면 사랑을 위해서 약간의 테크닉을 발휘해 볼 필요가 있습니다.

사랑하는 사람을 만났을 때는 우선 적극적인 자세로 다가가야 합니다. 망설이는 사이에 다른 사람이 먼저 다가가는 경우도 있고 어쩌면 상대방도 내가 먼저 다가오기를 기다리고 있는지도 모릅니다. 사람을 만나면 편하게 대하고 거기에 약간의 유머로 즐거운 분위기를 만들어 주면 더할 나위 없이 좋습니다.

자신에 대한 PR은 간접적으로 이루어져야 합니다. 자신을 알리는 일은 상대방에게 좋은 점수를 받는 지름길이지만 그것이 직접적이고 거창하면 자만으로 비춰질 수 있습니다.

　사랑도 어떻게 보면 성취하는 것입니다. 어차피 그런 것이라면 이러한 테크닉에 대해서 거부감을 가지기 보다 필요한 것이라고 생각해 보십시오. 어쩌다 마음에 드는 사람을 보았을 때 누구는 그것을 인연으로 만들어 사랑을 이루기도 하고 누구는 혼자서 망설이다 결국엔 놓쳐 버리고 아쉬워 합니다.
　둘의 차이는 사람을 만날 때 인연으로 만들려는 노력과 그 사람과 가까워질 수 있도록 만드는 나름대로의 테크닉에 있습니다.
　만약 사랑에 빠지기를 원한다면 능동적이고 적극적인 사랑 만들기를 해 보십시오. 가만히 앉아 있으면 올 사랑도 떠나가 버리는 경우가 흔하다는 사실을 잊지 마십시오.
　어쨌든 사랑도 사람을 만나야 하고 그 사람과 친해져야 가능성이라도 있습니다. 망설이는 동안에 그 사랑이 지나가 버린다면 나중에 후회하거나 아쉬워해도 소용없는 일입니다.

그 사람을 사로잡는 법 2

만남은 작은 노력의 결과이다

남자와 여자가 만나서 사랑한다는 것은 작은 노력의 결과입니다

나는 그녀를 우체국 가는 길에서 만났습니다. 정확하게 말하면 오피스텔 엘리베이터에서 만나 우체국에서 볼 일을 보고 돌아오던 짧은 시간이 우리 사랑의 시발점이 되었습니다. 만약 그때 그녀를 만나지 못했더라면 우리는 그저 그런 사람이 있었다는 기억만을 가지고 있었을 것입니다. 어쩌면 그 기억도 오래가지 않아서 흐려졌을지 모릅니다.

사실 그녀를 처음 본 것은 우체국을 가기 훨씬 전이었으며, 우리는 같은 오피스텔에서 근무하고 있었습니다.

그녀의 근무처는 12층이었고 나는 19층에서 소프트웨어 개발에 관한 일을 하고 있었습니다. 그녀가 12층 사무실에서 근무하기 이전부터 그 사무실의 김과장님과 친분이 있어 종종 들러 차도 마시고 일에 관한 이야기도 하곤 했습니다.

그 날도 여느 때와 다름없이 12층 사무실에 잠깐 들렀는데 그녀가 있었습니다. 검정색 원피스를 입고 있었던 것으로 기억하는데 가볍게 고개를 숙여 인사하며 웃는 모습이 참 예뻤습니다. 그녀가 예쁘게 느껴졌던 것은 아마도 그녀가 나에게 특별한 사람이 되리라는 징조였을 것입니다.

나는 그 후로 이런 저런 핑계를 만들었고 그곳에 한 번이라도 더 가려고 시도하기 시작했습니다. 별 필요도 없는 자료를 마치 없어서는 안 되는 것처럼 부탁한 적도 있었고, 한 번으로 끝낼 수 있는 일을 여러 번에 나누어서 처리하기도 했습니다.

어떻게든 한 번이라도 더 그녀를 보고 싶은 마음에서 였습니다.

평소 같으면 주로 김과장님과 앉아서 차를 마시며 이야기를 나누는 편이었는데 그녀가 온 후부터는 나의 눈길이 그녀가 있는 곳으로 쏠리는 것을 느낄 수 있었습니다. 혹시 그녀가 나를 실없이 빈둥대는 사람으로 볼까 봐 매번 10분도 있지 못하고 돌아오곤 했습니다. 그런데 내가 그녀를 만난 것은 우체국을 가던 길에서 였습니다.

평소에는 단순히 가볍게 인사만 나누던 나와 그녀가 처음으로 둘이서 이야기를 나눌 수 있는 기회가 생긴 것입니다. 그러나 솔직히 말하면 그 전에도 그런 기회를 만들려는 노력은 했었습니다. 오후 늦게 그녀의 퇴근 시각을 알기 위해 오피스텔 현관에서 서성인 적도 있었고 수서 지하철 역에서 우연을 가장해 만나려고 시도하기도 했습니다.

그녀가 지하철 역 입구에서 버스를 타는 줄도 모르고 며칠 동안 지하철 역 승강장에서 그녀가 오기만을 기다렸다는 이야기를 그녀에게 해준 적이 있습니다. 그 때 그녀가 감동하던 것을 생각하면 나의 그러한 노력이 헛된 것이 아니었음을 알 수 있었습니다. 그러나 그녀와의 인연을 만들려는 그 때의 시도는 나 혼자만의 노력으로 끝났습니다. 그런데 우체국 가던 길에서 정말 우연히 그녀를 만난 것입니다.

나는 서류를 발송하기 위해 우체국에 가는 중이었고 그녀는 송금을 하기 위해 은행에 가던 중이었습니다. 다행히 우체국과 은행이 같은 방향이어서 우리는 가벼운 인사말들을 주고 받으며 서로에 대해서 탐색할 수 있었습니다. 우리는 주로 여름휴가에 대한 이야기를 나누었습니다.

오피스텔과 우체국의 거리가 그리 멀지 않아 곧 우체국 앞에 이르렀고, 나는 우체국으로, 그녀는 은행을 향해 발길을 돌렸습니다. 그런데 우체국에서 볼일을 마치고 나온 나에게 고민이 생겼습니다. 그냥 혼자서 돌아 가느냐, 아니면 은행까지 그녀를 마중하러 가느냐……

그때 나는 인연도 적극적인 사람에게만 찾아올 것이라고 혼자서 중얼거리며 은행으로 갔습니다. 물론 그녀와 함께 사무실로 돌아왔고, 그 후로는 은행이나 우체국에 갈 일이 있으면 우리는 항상 전화를 해서 같이 가곤 했습니다. 이러한 인연을 통해서 우리는 퇴근 후에도 함께 보낼 수 있는 시간을 종종 갖게 되었습니다. 신은 노력하는 사람에게 기회를 주는가 봅니다.

당신은 그녀와의 인연을 만들기 위해서 회사나 집 앞을 서성이거나 지하철 역에서 그녀가 나타나기를 기다리는 노력을 해 본 적이 있습니까? 따귀를 맞더라도 인연을 만들어야 합니다. 앞에서 걸어오는 낯선 여자를 보고도 가슴이 뛸 수 있습니다.

"와! 괜찮은데……."

그 여자가 자신의 옆을 스치고 지나갈 때 마음속에서 탄성이 나옵니다.

"아! 정말 괜찮구나."

그리고 자신을 스치고 지나쳐 가면 한 번 뒤를 돌아보며 아쉬워 합니다.

"정말 예뻤는데……."

돌아와서는 주위의 동료들이나 친구들에게 떠벌리며 탄식을 합니다.

"방금 요 앞에서 정말 괜찮은 사람을 봤는데……."

봤으니까 어쨌단 말입니까? 이미 그 사람은 지나가 버렸고 우연히라도 다시 만나리라는 보장도 없는데…….

그렇게 아쉬워하기 보다는 아예 뺨을 한 대 얻어맞을 각오를 하고 옆을 지나칠 때 다리라도 걸어야 합니다. 어떻게든 인연을 만들어야 잘 되든 못 되든 결판이 날 것이 아닙니까.

대부분의 여자는 남자가 다가오기를 기다리다 지쳐서 가버립니다.

　남자는 그녀에게 다가가려고 망설이다가 그녀가 가버리는 뒷모습을 보며 아쉬워합니다. 그것은 너무 일찍부터 상대방의 마음을 알려고 하기 때문입니다. 그것도 시작도 안 해보고 마음부터 알려고 합니다. 혹시 거절당하지나 않을까 두려워 하기도 합니다. 그러다 보면 그 사람은 내 곁을 스치고 지나갑니다. 그러나 지나간 후에는 뒤돌아 보며 아쉬워 해야 합니다.

　나중에 주위 친구들에게 내게도 정말 괜찮은 사람을 만날 기회가 있었다고 떠들며 안타까워 할 수 있습니다. 그러나 떠나버린 버스처럼 소용없는 일입니다.

　혹시 지금까지 자신이 조금만 더 용기를 가지고 적극적으로 다가갔더라면 그 사람과 사랑에 빠질 수도 있었는데 망설이다가 놓쳐버린 사람은 없습니까?

　되든 안 되든 한 번쯤 시도라도 했더라면, 하고 후회 한 적은 없습니까? 남자와 여자의 만남은 어느 한 편에서 그 만남을 이루려는 노력이 있었기에 가능합니다. 더욱이 두 사람 사이가 사랑으로까지 발전하려면 그보다 더 많은 용기와 적극성을 필요로 합니다.

  나도 그녀를 마중하러 은행으로 발길을 옮길 때, 한편으로는 괜히 어색해지지는 않을까? 혹시 그녀가 나를 이상한 눈으로 쳐다보지는 않을까? 하는 두려움이 있었습니다. 그러나 어쩌겠습니까? 설사 그렇더라도 혼자서 돌아가 아쉬워 하는 것보다는 나을 것이라는 판단이 있었기에 적극적인 행동으로 옮긴 것이었습니다.

  남자와 여자가 만나는 것은 작은 노력의 차이입니다. 남자와 여자가 만나서 사랑하는 것은 작은 생각의 차이입니다. 그렇기 때문에 사랑에는 적극적이고 용기 있는 노력과 결단이 필요한 것입니다.

그 사람을 사로잡는 법 3

유머 감각을 갖자

유머는 사람과 사람을 가깝게 만들어 줍니다

인터넷 사이트의 이곳저곳을 뒤지다가 우연히 신세대 자료방에서 여성에게 인기 있는 데이트 상대 순위를 본 적이 있습니다.

가장 인기 있는 데이트 상대 1순위는 유머있는 사람이었습니다. 나도 이 말에 전적으로 동감합니다. 같은 남자끼리도 유머가 있는 사람에게 호감이 가고, 다음에 다시 만나고 싶은 마음이 듭니다. 하물며 남자와 여자 사이에서 유머감각이 있다는 것이 얼마나 중요한 역할을 하겠습니까?

대학 시절에 친구 녀석에게 예쁜 여학생을 소개시켜 준 적이 있습니다. 학교 앞 카페에서 두 사람을 간단히 소개시켜 주고 나는 곧장 자리를 비켜 주었습니다.

그런데 도서관에서 책을 반납하고 강의실로 가고 있는데 방금 소개시켜 주었던 그 여학생을 만난 것입니다. 어떻게 된 일이냐고 그 여학생에게 물어 보았는데, 30분도 안 되어서 헤어졌다는 것입니다. 이유는 친구가 너무 따분해서 30분이 마치 3시간 같이 길게 느껴지더라는 것이었습니다. 그렇다고 30분도 안 되어서 그 자리를 박차고 나온 그 여학생도 심했지만 결과는 돌이킬 수 없는 것입니다.

유머는 사람과 사람을 가깝게 만들어 줍니다. 특히 남자와 여자를 가깝게 만드는데 아주 큰 역할을 해냅니다. 서로 만나서 항상 가벼운 농담만 하거나 처음부터 끝까지 웃고 떠들다가 헤어질 수는 없습니다. 그러나 반대로 항상 진지하거나 또는 처음부터 무거움 투성이라면 상대방이 부담을 느끼기 쉽습니다.

예의상 진지하게 이야기를 들어 주고 맞장구도 쳐주겠지만 다음에 만날 때 약간의 부담을 가지게 되는 경향이 있습니다. 따라서 유머는 이러한 무거움을 약간은 가볍게 만들어 주는 역할을 합니다.

사랑도 사람을 만나고 자주 봐야지 생겨나는 것이고, 사람은 누구나 만나서 즐거운 사람을 다시 보고 싶어 하게 마련입니다. 따라서 유머는 사람을 만나고 사랑하는 과정에서 중요한 역할을 한다고 할 수 있습니다.

그럼 어떻게 하면 풍부한 유머를 가질 수 있겠습니까?

우선 자신에게 어느 정도 유머 감각이 있는지 체크해 보기 바랍니다. 만약 부족하다면 주위에서 들은 재미있는 이야기라도 몇 개쯤 자신의 것으로 만들어 두는 것이 좋습니다. 자신만이 알고 있거나 잘 알려져 있지 않은 이야기 몇 개쯤 준비해 두도록 권하고 싶습니다. 유머 감각도 노력하면 생겨날 수 있는 것입니다.

이러한 노력을 하다보면 당신도 언젠가는 유머 감각을 지니게 될 것입니다. 그러나 너무 지나치게 웃기려고만 하는 것은 오히려 역효과를 만들 수도 있습니다.

적당히 웃기고 적당히 진지한 모습을 보이는 것이 상대방에게 너무 가볍지도 않고 너무 무겁지도 않는 인상을 줄 수 있어 좋습니다.

처음 만나서 계속 농담만 하거나 반대로 진지한 이야기만 한다면 상대방은 자신을 가벼운 사람으로 인식하거나 혹은 부담스러운 사람으로 생각할 수 있습니다. 가장 좋은 것은 진지함 속에서 유머가 있는 것입니다.

웃기지 않을 것 같은데 은근히 웃기는 유머는 가장 좋은 방법이 될 수 있습니다. 더구나 남녀 사이에서 유머는 두 사람을 순식간에 가깝게 만들어 주는 경우가 많습니다.

 상대방의 긴장을 풀어 주고 편안함을 가져다 줄 수 있는 사람이 그만큼 사랑을 성취할 가능성이 높다는 것을 명심하시기 바랍니다.

그 사람을 사로잡는 법 4

아름다워지자

아름답다는 것은 누가 보아도 좋은 것입니다

미에도 보편적 기준은 있는 것 같습니다.

내가 아름답게 느끼는 것은 다른 사람에게도 아름답게 느껴지기 때문입니다. 예쁜 꽃은 누구에게나 예쁘게 보이고, 붉게 물든 저녁 노을을 보고 좋은 느낌을 받지 않는 사람은 아마 없을 것입니다.

사람도 마찬가지입니다. 길을 가다 예쁜 여자를 보고 눈길을 주지 않는 남자는 드뭅니다. 심지어 아름다운 여자를 보면 같은 여자라도 기분이 좋아진다고 합니다. 이것 모두가 아름다움이라는 보편적 기준이 사람을 기분 좋게 하는 힘을 갖고 있기 때문입니다.

외형적 아름다움이 사람들로부터 많은 호감을 유도해 내고 관심과 사랑을 받게 된다는 사실은 부정할 수 없습니다. TV에 나오는 연예인이나 영화에 나오는 배우들이 한결같이 예쁘고 잘 생긴 사람들로 구성되어 있는 것도 같은 이치입니다.

이왕이면 외모가 아름다운 사람들이 사랑하고 울고 웃고 하는 것이 시청자에게 훨씬 강하게 인식되기 때문입니다. 외모가 아름다우면 확실히 사는 데도 도움이 되는 것 같습니다.

사랑도 외모에 좌우될 때가 많습니다.

특히 남자들은 예쁜 여자를 우선 순위에 올려 놓고, 여자도 이왕이면 잘생긴 남자를 만나고 싶어합니다. 그렇기 때문에 사랑하는 사람을 만나기 위해, 그 사람에게서 호감을 얻어 내기 위해서는 외형적 아름다움에도 신경을 써야 할 것입니다.

사랑을 위해서 그렇게까지 해야 하냐고 반문할 수도 있지만 어떡하겠습니까? 세상이 그런것을…, 그런 경향이 있는 것을…

자신을 한 번 돌아보십시오. 이왕이면 예쁘고 잘생긴 사람과 만나기를 기대하고 있지 않습니까? 그렇다면 내가 사랑할 상대도 마찬가지로 그런 기대를 가지고 있다고 보면 됩니다.

약간의 노력을 들여서 자신을 가꾸어 보십시오. 그렇게 힘든 일이 아닐 수도 있습니다. 약간의 시간과 노력을 투자하고, 다른 곳에 쓰는 돈을 아껴서 자신을 가꾸는 데 투자하십시오.

아마도 잘 알고 있는 것들이겠지만 다음 몇 가지는 아름다운 외모를 가꾸는 데 도움이 될 것입니다.

첫째, 운동을 해야 합니다.

선천적으로 예쁜 몸매를 가지고 있다면 좋겠지만 만약 그렇지 못하다면 운동을 해서라도 자신의 몸매를 아름답게 가꾸어야 합니다. 운동으로 다져진 몸은 확실히 생동감 넘치고 매력적으로 보입니다. 수영도 좋고 테니스도 좋고 헬스도 좋습니다. 그런 여건이 안 된다면 가까운 공원이나 운동장으로 나가 걷거나 뛰기 등의 운동을 매일 30분 정도 꾸준히 해보십시오. 살이 쪄서 둔하게 보이는 것 보다는 균형 있는 몸매가 더 매력적일 수 밖에 없습니다.

둘째, 자신의 얼굴에 책임을 지십시오.

반드시 예쁘고 잘생겨야 된다는 말은 아닙니다. 예쁘고 잘생기지 못했다면 좋은 이미지라도 만들어야 합니다.

첫인상이라는 것은 중요합니다. 물론 사람은 만날수록 괜찮아야 하겠지만 남자와 여자가 만날 때 대부분이 처음 만난 자리에서 결판이 난다는 사실도 가늠해야 겠습니다.

나는 성형수술에 대해서 상당히 긍정적인 견해를 가지고 있습니다. 아름다운 얼굴을 가질 수 있다는 것은 당사자에게 자신감을 줄 수 있어서 좋고, 남들에게 좋은 이미지를 줄 수 있어서 좋습니다. 아름다운 얼굴, 어쨌든 좋은 건 사실입니다.

셋째, 유행에 대한 감각을 가져야 합니다.

무조건 유행을 쫓으라는 것은 아닙니다. 오히려 어느 정도의 거리감은 그 사람을 경망스럽지 않게 만들어 줄 수도 있습니다. 그러나 유행 감각이 너무 없는 사람은 시대에 뒤떨어져 보입니다. 자신의 헤어 스타일이나 옷차림을 유행과 적정 거리로 유지한다면 당신은 좋은 이미지와 세련된 멋을 겸비할 수 있습니다. 적당한 유행 감각은 그 사람의 외형적 아름다움에 분명히 도움이 될 것입니다.

옷이나 헤어스타일로 얼마든지 자신의 단점을 보완할 수 있습니다. 어쩌면 단점을 장점으로 전환시켜 자신만의 개성으로 표현될 수도 있습니다. 따라서 한 달에 한두 번은 명동이나 신촌으로 나가서 지나가는 사람들의 옷차림에 관심을 갖고 지켜 보십시오. 자신이 보기에도 세련된 사람과 그렇지 못한 사람이 구분될 것입니다. 당신도 유행 감각을 가진 사람이 아름답게 보이지 않습니까? 그렇다면 자신은 어디에 속하는지 평가해 보십시오.

넷째, 내면적 아름다움에도 신경을 써야 합니다.

이 부분이 어쩌면 가장 어려운 것일 수 있습니다. 외형적인 아름다움은 운동과 옷차림, 성형, 메이크업 등으로 쉽게 얻을 수 있지만, 내면적 아름다움은 오랜 기간을 거쳐 자신을 가꾸어야만 하는 일이기 때문입니다. 흔히 지적이라는 말로 표현되는 내면적 이미지는 어떤 외형적 아름다움보다 더 큰 매력으로 평가됩니다.

우리는 사랑하게 될 상대에 대해서는 많은 기대를 하면서 자신에 대해서는 오히려 소홀한 경향이 있습니다. 선천적으로 아름다운 외모를 갖고 있지 않더라도 얼마든지 자신의 개성을 살릴 수 있습니다. 날씬한 몸매를 만든다는 것이 불가능해 보이면 귀여운 이미지로 가는 것도 좋은 방법입니다. 외형적 아름다움은 선천적인 것이기는 하지만 자신이 하기에 따라 극복될 수도 있습니다.

사랑도 자신을 가꿀 줄 아는 사람에게 올 가능성이 더 많습니다.

그렇다면 조금은 자신의 외모에도 신경을 써 아름다워질 필요가 있다는 생각이 들지 않습니까?

그 사람을 사로잡는 법 5

환상에서 깨어나자

환상과 기준을 버리고 마음을 비우십시오

영화 「접속」에서와 같은 사랑이 가능할까요? 물론입니다. 그러나 아닙니다.

물론이다 라는 말은 그럴 가능성이 있다는 말이고, 아니라는 말은 일반적으로 그럴 가능성이 적다는 뜻입니다.

인터넷에서 채팅을 하다가 사랑에 빠지는 경우는 흔합니다. 오죽하면 통신부부까지 있겠습니까? 자판을 두드리는 손끝에서 사랑이 전해져 옵니다. 매일 그 시간이 기다려지고, 새벽 1시도 좋고 3시도 좋습니다. 두 사람만의 대화방에서는 시간이 멈추어 버린 것 같습니다. 한 달이 지나서 집으로 날아오는 전화비와 통신료는 둘이서 만나 써버리게 될 데이트 비용에 비하면 아까울 것이 없습니다. 하루에도 두세 번씩 통신에 접속해 상대로부터 날아온 메일을 읽고, 쓰는 것이 싫증나지 않습니다.

이것은 채팅을 즐기는 사람이면 한 번 쯤 빠질 수 있는 가상공간에서의 사랑입니다. 그런데 문제는 '가상공간'이라는 말에 있습니다. 가상공간에서 한 사랑 역시 가상일 경우가 대부분입니다.

나도 몇 년 전 채팅에 푹 빠진 적이 있었는데, 거기서 한 여자를 만났습니다. 그녀와 처음 만난 후 우리의 대화는 그칠 줄 몰랐습니다. 나는 그녀와 이야기를 시작한 지 10분도 안 되어서 그녀가 무척 외로워하고 사랑을 갈망한다는 것을 느낄 수가 있었습니다.

나 역시 그녀 못지 않게 사랑에 대한 갈망을 가지고 있었기에 우리는 쉽게 공감하며 서로에 대한 많은 이야기를 나눌 수 있었습니다. 입으로 말하는 것보다 손가락으로 말하는 것이 훨씬 진솔해지고 서로 가까워질 수 있다는 것을 그 때 처음으로 알았습니다. 비록 자판을 두드리는 손가락에 경련이 올지라도 그 작업은 참으로 즐거운 일이었습니다.

한 달 정도 그렇게 메일을 주고 받으며 이야기했습니다. 그리고 보통 새벽 2~3시까지는 기본적으로 채팅을 했습니다.

나는 그녀의 모든 것을 이해하고 있다고 생각했고, 그녀도 나에 대해서 많은 것을 알고 있다고 느꼈습니다. 한 달 쯤 지나서 우리에게 처음으로 손가락이 아닌 입으로 말할 기회가 찾아왔습니다. 그녀로부터 급한 일이 생겨서 인터넷에 접속할 수가 없으니 전화해 달라는 메일이 와 있었습니다. 물론 메모에는 자신의 핸드폰 번호가 적혀 있었습니다. 떨리는 마음으로 전화를 걸었습니다.

얼마 후 낯선 여자의 목소리가 들려왔습니다.

"여보세요?"

처음으로 듣는 그녀의 목소리였습니다. 몇 분 간은 어색한 이야기가 오고 갔지만, 우리 사이에도 손가락 못지 않게 입으로도 자연스러운 대화가 가능하다는 것을 알았습니다. 그리고 그 날부터 두 사람의 고민이 시작되었습니다.

과연 만날 것인가 말 것인가…….

가장 큰 고민은 만남으로 인해서 우리가 가지고 있는 서로에 대한 연민과 좋은 감정이 달아나 버리지는 않을까 하는 것이었습니다. 여러 차례 의견을 교환한 끝에 우리는 만나기로 했고, 홍대 앞 한 카페에서 만남은 이루어 졌습니다.

그 후로 어떻게 되었을 것 같습니까? 처음부터 끝까지 어색함 뿐이었습니다. 막상 얼굴을 대하는 것이 그렇게 부담스러울 수가 없었습니다. 컴퓨터 화면에 뿌려지는 글들을 읽으며 자판을 두드리던 그 자연스러움은 찾아볼 수가 없었습니다.

얼마 후 그녀에게서 온 메일을 받아 보았습니다. 그녀도 나와 똑같은 느낌임을 간접적으로 알리는 내용이었습니다.

이러한 가상공간에서의 일시적인 사랑에 대한 경험이 나에게만 있었던 것은 아닙니다.

인터넷에서 여러 사람과 이야기 하다보면 똑같은 경험을 한 사람을 가끔씩 만나볼 수가 있습니다. 이러한 일시적인 사랑은 그것이 가상공간이기 때문에 일어납니다. 통신에서 만난 사람은 이 세상에 분명히 존재하면서도 존재하지 않는 사람입니다.

왜냐하면 둘이서 이야기를 하는 동안 자신도 모르게 상대방에 대한 나름대로의 이미지를 만들어 버리기 때문입니다. 어떤 근사한 사람이 그 자리에 나왔더라도 자신이 가지고 있는 이미지의 사람일 수는 없습니다. 자신이 인터넷에서 사랑한 그 사람이 되어 줄 수 없습니다. 그래서 사랑도 가상으로 끝날 가능성이 많습니다.

나는 인터넷에서만 이런 일들이 일어난다고 생각하지 않습니다. 현실에서도 가상의 사랑은 존재합니다. 아니, 사랑할 대상에 대한 가상적 인물이 존재한다고 말하는 것이 더 정확할 것입니다.

이것은 사랑을 꿈꾸는 사람들이 마음속에 어떤 이미지를 미리 만들어 놓기 때문입니다. 외모, 성격, 학벌, 직업 등등. 이미 자신의 마음속에 만들어 놓은 사람을 은근히 기대하며 찾고 있는 것입니다.

이미지라는 것이 명확하지는 않더라도 이 정도는 되어야 한다는 기준 같은 것은 가지고 있습니다. 그런 사람을 만나서 사랑하고 싶은 것이 사람의 마음입니다. 외모가 아름다우면 지성이 떨어지거나 직업이 변변치 못하고, 능력은 있는 것 같은데 성격이 엉망이고, 이것저것 따지다 보면 자신의 입맛에 맞는 사람을 찾기란 그리 쉽지만은 않습니다. 그렇다고 대충 만족하기에는 미련이 남습니다.

모두가 사랑은 순수해야 한다고 외치지만, 속으로는 그 대상에 대해 은근히 기대를 하고 있는 것이 사람입니다. 그러나 자신이 기대하는 사람은 환상에서나 존재하거나 혹 현실세계에 존재하더라도 만나게 될 가능성은 희박합니다. 운 좋게 그런 사람을 만났다 하더라도 그 사람이 나를 사랑하리라는 보장은 없습니다. 자신이 가지고 있는 사랑할 사람에 대한 이러한 환상은 오히려 사랑을 방해할 뿐입니다.

사랑은 언제나, 누구에게나 마음이 열려 있어야 가능합니다.

자신이 가지고 있는 이미지와 다르더라도 마음을 열고 마음이 가는데로 맡겨 두십시오. 그것이 사랑으로 가든 아니면 우정으로 가든 아니면 아무런 느낌 없이 멀어져 가든……. 그러다보면 어느 날 자신이 누군가와 사랑에 빠져 있음을 알고 놀라게 될 것입니다.

친구들과 이야기 하다 보면 미팅이나 소개팅, 혹은 선 본 이야기를 많이 듣습니다. 상대방에 대한 이야기를 할 때, 그 친구는 당사자를 만나기 전에 자신이 정해 놓은 이미지가 있었음을 알 수 있었습니다. 그 기준에 맞추어 그 사람이 어떻다는 평가를 하고는 거기에 미달될 경우 더 이상 만날 가치가 없다는 식입니다.

사람을 딱 한 번 보고서 평가할 수는 없습니다. 만날수록 다른 모습의 진면목을 드러낼 수도 있고, 반대로 실망을 가져다 줄 수도 있습니다. 미리 기준을 정해두고 사람을 만난다면 그 기준에 맞는 사람을 만날 가능성은 아주 적습니다.

사랑은 사람을 만나야 가능합니다. 그렇다면 그 상대에 대한 환상을 미리 만들어 놓아서는 안 됩니다. 환상을 버리고 기준을 버리고 마음을 비워 보십시오. 그래야 사랑이 더 빨리 찾아 올 것입니다.

그 사람을 사로잡는 법 6

눈높이 사랑을 하자

서로 원하는 정도의 차이 때문에 사랑이 더 어렵습니다

사랑을 갈망하는 사람은 참 많습니다. 남자든 여자든 자신의 짝을 만나고 싶어합니다. 그렇게 많은 솔로들이 지천에 널렸는데, 왜 그들은 혼자서 외로워하고 있을까요? 그것은 사랑할 대상에 대해서 눈높이를 맞추지 못하고 있기 때문입니다.

누구나 사랑을 할 준비는 되어 있는데 그 대상을 만나기가 무척 어려운 것 같습니다. 사랑도 아무나 하고 할 수 없기 때문에 자신의 입맛에 맞는 사람을 만나려고 합니다. 그렇기 때문에 사랑이 더욱 어려운지 모릅니다.

어떨 땐 이성이 감성을 철저히 통제합니다.

사람을 만나면 감성이 이성에게 묻습니다.

"저 사람을 사랑해도 돼?"

이성은 그 사람의 객관적 데이터들을 분석해서 감성에게 전달합니다.

"저 정도면 사랑할 만 한데……."

그 때부터 가슴은 뛰기 시작합니다.

너무 지나친 표현일 수도 있습니다. 그러나 가만히 눈을 감고 자신의 마음 깊은 곳으로 가 보십시오. 전혀 이런 면이 없는 것인지 자신에게 물어 보십시오.

대학 시절 매우 친한 친구가 있었는데 그 친구와는 참 잘 통했습니다. 내가 이야기를 하면 그 친구가 맞장구를 쳐주고, 그 친구가 또 어떤 이야기를 할 때 내가 맞장구를 쳐주었습니다.

그런데 유일하게 사랑과 그 대상에 대한 이야기를 하다 보면 서로 얼굴을 붉히며 논쟁을 하곤 했습니다.

친구의 주장은 이렇습니다.

"난 사랑할 여자의 학벌에는 관심이 없어. 사람이 어느 정도의 수준만 되면 되지 뭐. 간판 따위가 중요하지는 않잖아……."

이 말에 대해서 나는 항상 불만을 토했습니다.

"오히려 여자도 어느 정도의 학력은 있어야 된다고 말하는 편이 솔직한 거지. 어느 정도라는 것은 또 뭐야?"

그 친구의 말에도 일리는 있습니다. 형식적인 간판 따위가 그 사람을 평가하는 기준이 될 수는 없습니다. 그러나 어느 정도 된다는 것 또한 쉽게 얻어지는 것은 아닙니다.

초등학교 학력 소지자에게 대학인 만큼의 지성과 사고를 기대한다는 것은 사실상 어렵습니다. 그 만큼의 환경과 과정을

거쳐야 나타나는 것이 그 정도라는 것입니다. 그래서 사람은 누구나 어느 정도의 수준을 가지려고 노력하고 또 그 정도라는 것에 따라 사람을 평가하기도 합니다. 지성의 정도, 외모가 아름다운 정도, 유머가 풍부한 정도, 세련된 정도, 사회에서 발휘하는 능력의 정도…….

그런데 문제는 자신의 정도와 사랑할 대상에게 기대하고 있는 정도가 다른 경우입니다. 이 정도라는 것이 사실은 사랑을 좌우하는 경우가 많기 때문입니다. 사랑은 순수해야 한다고 말하지만 정도라는 것을 무시하는 것이 반드시 순수한 것만은 아닙니다. 그러나 정도라는 것을 너무 고려하다보면 자신의 눈높이 보다 더 높은 상대를 원하게 되는 것이 문제입니다. 객관적으로 두 사람이 비슷비슷하다 싶어 소개를 시켜주면 나중에 두 사람 모두에게서 욕을 얻어 먹는 경우가 있습니다.

어떨 땐 이런 말도 듣습니다.

"도대체 나를 어떻게 보는 거야?"

나는 상대방이 마음에 들어 데이트라도 하고 싶은데 그 사람은 관심을 주지 않는 경우가 있습니다. 반대로 나는 관심이 없는데 그 사람은 나에게 접근해 올 때가 있습니다. 이것 모두가 서로 원하는 정도에 차이가 나기 때문에 일어나는 일들입니다. 결국 눈높이를 맞추지 못하기 때문입니다.

대체로 사람들은 자신보다 나은 사람을 원합니다. 남자들은 주로 외모적으로 아름답고 착하고 지성을 갖춘 여성을 높이 평가합니다.

여자들은 주로 능력 있고 성격 좋으며 유머가 있는 남자들을 좋아합니다. 그러나 누구나 이러한 사람들을 만날 수는 없습니다. 모든 면에서 좋은 장점을 가지고 있는 사람이 높이 평가되게 마련인데, 그런 사람을 만나려면 자신도 그 만큼의장점을 가지고 있어야 합니다.

그 어떤 사람을 원한다면 우선 자신부터 살펴볼 필요가 있습니다.

내가 어느 정도인가를 알고, 그 눈높이에서 사랑할 사람을 찾거나 그런 사람에게 만족할 줄 알아야 사랑이 좀더 가까이 오게 됩니다. 여러모로 다른 사람보다 장점을 많이 가지고 있는 사람을 만나서 사랑하게 된다는 것은 행운일지 모릅니다. 그렇다고 그 행운이 다가올 때만을 기다릴 수는 없습니다. 막상 그런 사람을 만났다고 해서 그도 나를 사랑하게 되지는 않는다는 것을 이 글을 읽는 분들이 더 잘 알고 있을 것입니다.

우리는 자신의 눈높이에서 상대를 찾을 때 그만큼 더 소중한 사랑을 할 수 있을 것입니다.

"어떤 스타일의 남자를 좋아하지?"

"어떤 여자면 되겠어?"

우리는 이러한 질문을 종종 하기도 하고, 듣기도 합니다. 여기에는 '객관적으로 어느 정도가 되어야 만족할 수 있겠느냐'는 의미가 상당히 포함되어 있습니다.

20대 초반에는 이러한 질문에 대해서 상당히 높은 기준을 내세웁니다. 비록 솔로로 지낼지라도 그 기준을 낮추려 하지 않지만, 나이가 들어감에 따라 어쩔 수 없이 그 기준을 차츰 낮춥니다. 나중에는 사랑보다 이 정도면 괜찮다는 식으로 결혼을 하는 경우도 찾아 볼 수 있습니다.

결국은 자신의 눈높이에서 찾는 것입니다. 그렇다면 젊은 시절을 외롭게 보내기 보다 처음부터 눈높이에 맞춰 사랑을 찾는 편이 더 행복할 것 같습니다.

그 사람을 사로잡는 법 7

나를 인식 시키자

처음부터 사랑을 만들어 낼 수는 없습니다

마음에 드는 사람을 만나면 그 사람에게 자신을 인식시키는 일이 중요합니다. 이러한 노력이 필요 없는 경우라면 그래도 다른 사람보다는 유리한 위치에 서 있다고 말할 수 있습니다. 서로에 대해서 잘 알 수 있는 관계가 저절로 형성이 된다면, 그리고 자연스럽게 사랑하게 된다면 두 사람은 정말 행복한 사람들입니다.

같은 회사 동료이거나 학교 선후배이거나 소개로 만난 사람들이라면 특별한 노력 없이도 서로에 대해서 인식할 수 있습니다. 그렇기 때문에 상대방에게 다가갈 수 있는 기회가 많습니다.

그러나 도서관에서 우연히 본 사람을 사랑하게 되었다거나, 출근길 지하철에서 매일 마주 치는 사람이거나 혹은 사업상 가끔씩 만날 수 밖에 없는 경우라면 자신의 존재를 인식시켜 주어야 합니다.

나도 이러한 노력을 게을리 하지 않았습니다. 그녀에게 나를 인식시키기 위해, 그녀가 근무하는 사무실을 이런저런 이유를 만들어 자주 들르려고 노력했습니다.

처음에는 그녀와 인사도 나누지 않았습니다. 나는 나대로 볼 일을 보고, 그녀도 자신의 일을 처리할 따름이었습니다. 처음 얼마 동안 그녀는 나를 그저 그 사무실에 들르는 많은 사람들 중의 한 사람 정도로 밖에 인식하지 않았을 것입니다. 그러나 몇 번의 시도는 그만큼의 효과를 발휘해 주었습니다.

그녀가 처음으로 나에게 웃으며 인사를 할 때 얼마나 기뻤는지 모릅니다. 인사조차 없던 그녀의 얼굴에 미소를 짓게 하고 몇 마디 말을 주고 받고 호감을 만들어 내고 사랑하게 된 것입니다.

그녀가 나를 인식하면서 나에 대해 호감이 생겼고, 거기에 사랑이라는 감정이 있었기에 우리가 가까워질 수 있는 기회가 왔을 때 나는 그 기회를 놓치지 않았는지 모릅니다.

처음부터 사랑을 만들어 낼 수는 없습니다. 그것도 나라는 사람을 잘 알지 못하는 사람에게 사랑을 요구할 수는 더욱 없습니다. 그렇기 때문에 자신을 먼저 인식시키는 일이 중요한 것입니다.

자신을 인식시키는 방법 중 가장 빠른 것은 자주 얼굴을 마주 치도록 하는 것입니다.

그 방법들 중 몇 가지를 소개하면, 그 사람이 자주 다니는 길에서 서성이는 것도 좋습니다. 그리고 그 사람과 관련된 일에 내가 연관되도록 시도해 보는 것도 좋습니다.

어떻게든 자주 만날 수 있는 자리를 찾아 나서야 그 사람도 나를 인식할 수 있는 기회가 만들어 질 수 있습니다.

처음에는 얼굴 정도만 익히는 것으로 만족하십시오. 그 사람이 나에 대해서 얼굴 정도는 인식하고 있다면, 그 다음에는 가볍게 인사하는 것으로 발전시키십시오. 인사하는 것이 자연스러워지면, 좀더 긴 대화를 나눌 수 있는 기회는 반드시 올 것입니다.

그러다 보면 두 사람 사이에 좋은 감정이 생겨나고, 이것이 차츰 사랑으로 발전할 수도 있는 것입니다.

사랑하는 사람을 만나 그 사람에게 나를 인식시키는 것은 두 사람 사이가 발전하는데 가장 기초적인 단계입니다.

대부분의 사람은 낯선 사람에게 거부감을 갖게 마련입니다. 때문에 자신을 인식시키려는 노력은 상대방이 나를 잘 알지도 못하는 상태에서 다짜고짜 다가가 말을 건네는 것보다 효과적일 수 있습니다. 그에게 자신을 좀 더 친숙하게 느낄 수 있도록 인식시킨 후에 자연스럽게 대화를 유도해 내십시오. 아마도 그렇지 못했을 때보다 거부감을 많이 줄일 수 있습니다.

다른 사람들과는 잘 지내면서 유독 호감이 가는 사람을 멀리 하는 사람도 있습니다. 괜히 딴청 피우면서 그 사람에게는 한 마디의 말도 건네려 하지 않습니다. 어떨 땐 아예 관심이 없는 척 합니다. 이것이 더 매력적이라고 생각하나 봅니다. 그러나 사람은 자신과 자주 대하는 사람과 정이 들 가능성이 높지 낯선 사람과 한순간에 사랑에 빠질 확률은 적습니다.

핑계는 만들기 나름입니다. 사랑하는 사람을 위해서라면 없는 일거리라도 만들어야 합니다. 같이 있을 수 있는 기회를 한 번이라도 더 많이 만들어서 자신의 존재를 은근히 인식시켜 주십시오. 그래야 가까워질 수 있는 기회가 올 것입니다.

하늘을 봐야 별을 딸 수 있듯이 사랑도 기회를 만들려는 사람에게 후하다는 것을 잊지 마십시오.

그 사람을 사로잡는 법 8

스테이크보다 삼겹살을

지나친 배려는 오히려 부담일 수 있습니다

친구가 소개팅을 하고 집으로 돌아왔습니다. 저녁을 먹기엔 꽤 늦은 시각인데 오자마자 허겁지겁 밥을 먹길래, 그 친구에게 저녁은 안 먹었느냐고 물어 보았습니다. 그녀와 스테이크를 먹긴 먹었는데 양이 차지 않았다는 친구의 말에 왜 비싼 돈 써가면서 스테이크를 먹었느냐고 약간 비아냥거린 적이 있습니다.

친구의 말에 의하면 소개받은 그녀에게 상당히 호감이 갔다고 합니다. 그래서 그녀에게는 적어도 스테이크 정도의 식사대접이 어울릴 것 같았다고 합니다.

나는 그 친구에게 다음에 그런 기회가 있으면 아예 삼겹살이나 먹으라는 말을 해 주었습니다.

남녀가 처음 만나고 상대방이 괜찮다고 느껴지면 괜히 부담을 가지게 되나 봅니다. 상대방은 고상하고 우아하며 나와는 뭔가 다르다는 느낌을 가지는 것 같습니다.

저녁은 고급 식당에서 스테이크를 먹고, 커피를 한 잔 하더라도 분위기 좋은 곳에서 조금은 비싼 것을 시키는게 어울린다고 생각하나 봅니다. 그러나 그도 나와 별 다를 것이 없다는 것을 알아야 합니다. 그도 스테이크 보다는 삼겹살에 더 익숙해져 있을 것입니다. 따라서 사람을 처음 만날 때는 어색한 분위기에서 스테이크를 먹기보다는 삼겹살 집으로 가십시오.

삼겹살 집에서 앉아 먹는 삼겹살이 두 사람의 거리를 더 좁

혀 줄 수 있습니다. 평소에 익숙해져 있지 않은 것 보다는 두 사람에게 일상적인 것들이 더 편할 수 있습니다. 어쩌면 상대방도 이런 자신의 모습에 더 호감을 갖게 되고 편안한 사람으로 받아들일지 모릅니다.

사람이 처음 만나서 친해지기까지는 참 어렵습니다. 특히 남녀가 만나 계속해서 부담 없이 잘 지내는 경우는 드뭅니다. 그것은 그 과정이 쉽지 않기 때문입니다.

처음 만난 사람과 가까워지는 가장 빠른 길은 상대방의 부담을 없애주고 거부감을 줄이는 것에서부터 시작됩니다.

주위를 둘러보면 여러 사람들과 두루 잘 어울려 지내는 사람이 있는가 하면 자신과 잘 통하는 사람하고만 어울리는 사람도 있습니다. 사람들과 부담없이 잘 어울리는 사람들에게는 나름대로 공통점이 있습니다.

그들에게는 남을 배려하는 마음이 적습니다. 자신이 하고 싶은 대로 말하고 행동합니다. 우리는 남을 배려하는 사람이 좋은 사람이라고 생각하지만 이 지나친 배려가 오히려 사람들에게 부담을 주는 경우가 많습니다. 조심스럽게 행동하고 말을 가려서 하며 혹시나 상대방에게 실례가 되지않을까 고심합니다. 이런 지나친 배려는 오히려 부담일 수 있습니다. 그것보다는 실수도 하고 약간은 어설퍼 보이는 사람이 더 호감을 얻습니다.

남들을 배려하는 사람은 주위에 좋은 인상으로 남아 있습니다.

사람들도 그 사람을 좋게 평가합니다. 그러나 막상 그런 사람을 대하면 자신도 그 사람에게 실수를 해서는 안 된다는 부담을 갖습니다. 그렇기 때문에 좀 실수도 하고 어설퍼도 보이는 사람이 더 사람들과 잘 어울립니다.

남녀 사이에서도 마찬가지입니다.

특히 처음 만난 사람이 꽤 괜찮다고 느껴지면, 괜히 긴장을 하고 혹시 실수 하지 않을까, 또는 점수라도 잃지 않을까 조심을 합니다. 말 한마디도 신중히 하고 예의를 갖추는 등 상대방의 기분을 상하지 않게 하려고 많은 것을 배려합니다. 그러나 이러한 것이 오히려 두 사람 사이를 어색하게할 수 있습니다. 그것보다는 상대방도 나와 똑 같다는 마음으로 대하는 것이 좋습니다.

그 사람도 스테이크보다는 삼겹살에 더 익숙하다는 것을 알아야 합니다. 그렇기 때문에 스테이크를 먹는 어색함보다는 삼겹살을 구워 먹는 것이 더 도움이 될 수 있습니다. 오히려 친해지고 난 후에 가끔씩 분위기 있는 식사를 하는 것이 더 좋은 방법이 될 수 있습니다.

그 사람을 사로잡는 법 9

이성을 친구로, 친구를 연인으로 만들자

많은 시간을 두고 자신을 알리려는 노력이 필요합니다

사람을 만나서 서로 첫눈에 반하고 불같은 사랑을 하는 경우도 있지만 대체로 그런 사랑을 만난다는 것이 쉽지 않습니다. 적어도 내가 본 바로는 어느 한 사람이 마음이 있으면 다른 사람은 관심이 없는 경우가 더 많았습니다.

　결국엔 마음이 있는 사람이 적극적이다가 실패하고는 돌아서게 됩니다.

　실패하게 되는 원인 중에서 가장 큰 것은 내가 당신을 사랑하니까 지금부터 연인이 되어 보자는 방식에 있습니다. 다행히 두 사람이 여기에 동의하고 순조롭게 연인으로 발전한다면 좋지만, 그렇지 않다면 우선 친구가 되어 보도록 하십시오.

자신은 만나는 사람에 대해서 바로 이 사람이다라고 느끼는데 상대방은 별 반응이 없다면 처음부터 그에게 부담을 주지 않는 것이 좋습니다. 애인 사이가 아니면 아무 것도 안된다고 생각한다면 지금 당장 그 생각을 바꾸어야 합니다.

애인 사이가 못된다 하더라도 누구나 친구는 될 수 있습니다. 따라서 이 후에 애인 사이로 발전하면 된다는 여유 있는 마음을 가질 필요가 있습니다.

주위에서 이런 경우를 흔히 볼 수 있을 것입니다. 오랫동안 친구처럼 지내오던 두 사람이 언제부터인가 사랑하는 연인으로 발전한다던가 혹은 어느 날 갑자기 결혼을 발표하는 일을 말입니다.

두 사람이 그 동안 특별한 사람을 못 만났기 때문일까요? 그런 것은 아닙니다. 너무 가까이 있기 때문에 상대방의 소중함을 절실히 느끼지는 못하지만 또 자신에게서 상대방이 없다는 것도 상상조차 하지 않습니다. 그러던 어느 순간 두 사람에게 사랑이라는 것이 자신들도 모르는 사이에 시작되어 있는 것입니다.

그러므로 두 사람이 처음부터 OK하지 않았는데 시작부터 연인이기를 고집한다는 것은 너무 성급한 기대일 수 있습니다. 그것은 상대방에게 지나친 부담을 갖게 만드는 일입니다.

친구 중에 한 녀석은 여태껏 한 번도 사랑을 해 보지 못했습니다. 그 친구의 가장 큰 단점은, 마음에 드는 여자를 만나면 우선 시작부터 우리는 연인사이라는 명제를 붙이려는 데 있습니다. 그것이 안 되면 만날 필요가 없다는 것이 그 친구의 생각입니다.

사람 사이만큼 모호한 것은 없습니다. 특히 감정과 관련되면 감을 잡기가 힘듭니다. 사람의 마음이 명확하게 눈에 보이면 얼마나 좋겠습니까. 그러나 그렇지 않기에 서로 신경전도 벌이고, 상대방의 마음을 잘못 읽어서 망신을 당하며 마음의 상처를 입기도 합니다.

사랑은 사람과 사람 사이에서 일어나는 일입니다. 상대방에 대해 전혀 모르는 상태에서 그 사람에게 마음을 연다는 것은 쉬운 일이 아닙니다. 많은 시간을 두고 자신을 알리려는 노력이 필요합니다.

상대방에게 나를 사랑하는 마음이 없다고 해서 미리 안 될 것이라고 단정지을 필요도 없습니다. 아직 나에 대해서 모르는 것이 더 많기 때문에 그럴 수 있다고 생각하고, 나에 대해서 마음을 열 수 있을 때까지, 친구로 지내도록 해 보십시오.

그렇지 않고 만날 때부터 연인이 되어 주기를 요구하는 것은 단지 자신의 감정만을 중요시하는 생각일 수 있습니다. 그러면 자신이 상처를 많이 받을 수 있습니다.

제대로 사랑 한 번 못해 보고 미리 풀이 죽을 수 있습니다. 나의 친구에게도 몇 번 실패의 아픔이 있었습니다.

자신에게 호의적이라는 이유만으로 연인이 되어 줄 것을 요구했다가 그럴 마음이 없다는 것을 알고는 많이 힘들어 하는 것을 보았습니다. 이러한 경우가 몇 번 반복되더니 아예 이제는 여자를 만난다는 것 자체에 부담을 느끼며 자신은 안 될 것이라고 단정짓습니다.

사람이란 가장 가까이서 오랫동안 지내온 사람에게 마음이 가기 쉽습니다. 첫눈에 반해서 빠지게 되는 사랑보다는, 많은 시간을 함께 보내고, 고민을 털어놓아도 좋을 만큼 가까워진 사람과 자연스럽게 사랑에 빠지는 경우가 많습니다.

자신도 모르게 다가오는 사랑은 거부하기가 힘듭니다.

처음부터 자신의 감정만으로 몰아 붙이기 보다는 때로는 장기전도 필요하다고 생각하십시오. 괜히 서둘러 결정을 보려다가 자신만 상처를 입고 될 일도 망쳐 버리는 경우가 많습니다.

이러한 경우를 모면하고 싶다면 친구가 되는 방법을 생각해 보십시오.

친구만큼 자연스럽고 가까워지기 좋은 관계는 없고, 이성간이라고 좋은 친구가 되지 말라는 법도 없습니다. 남녀 사이에는 친구가 있을 수 없다고 말하는 사람도 있지만 나는 그렇게 생각하지 않습니다. 때로는 동성 친구보다도 이성 친구가 더 가깝게 느껴질 때가 있습니다. 같은 남자 친구끼리는 못하는 이야기를 여자 친구에게 쉽게 할 때도 있습니다.

따라서 연인이 아니더라도 좋은 친구가 된다는 것은 좋은 일입니다.

그러다 보면 사람의 마음이 언젠가 그 친구라는 선을 넘어 자연스럽게 연인이 될 가능성도 있습니다. 좋은 여자나 좋은 남자를 얻기 위해서 좋은 친구를 잃어버리기보다는 친구라는 그 자체를 중요하게 생각하십시오.

특히 상대가 여자라면 더 그렇습니다.

남자의 마음은 순식간에 뜨거워질 수도 있지만, 여자는 그렇지 못한 경우가 많습니다. 뜨거워지기까지는 시간이 필요합니다.

아직 뜨겁지도 못한 마음을 억지로 덥힐려면 오히려 사이가 멀어질 수도 있습니다.

어느 정도 기간을 두고 기다리는 마음이 필요합니다. 그 기간을 메우는 가장 좋은 방법이 친구라는 것입니다.

그 사람을 사로잡는 법 10

이미 그에게 애인이 있더라도 상관말자

사랑하는 사람이 있다는 것 만으로도 기뻐할 수 있어야 한다

3년 전의 일입니다.

친구에게 여동생이 있었는데, 나를 친오빠 못지 않게 잘 따르는 편이었습니다. 친구의 여동생은 종종 내 사무실에 들러 일을 도와주고 같이 밥도 먹곤 했습니다.

언젠가 여동생이 자신의 친구와 함께 사무실로 찾아온 적이 있습니다. 여동생의 친구에게 첫눈에 반한 것은 아니었습니다.

그녀는 누구를 첫눈에 반하게 만들기 보다는 마음 깊은 곳에서 서서히 기쁨을 주는 여자였습니다. 여동생이 내 사무실에 들른 이후로 나는 그녀에게 많은 관심을 보였고, 중간에서 여동생의 도움으로 우리는 곧 친해질 수 있었습니다.

나는 점점 그녀에 대한 사랑의 감정을 확신할 수 있었고, 그녀도 나의 그런 감정을 느끼고 있는 것 같았습니다.

언젠가 우리는 학교 앞 선술집에서 술을 한 잔 한 적이 있었습니다. 10월, 아마도 그쯤 이었던 것 같습니다.

학교에서는 가을 축제가 한창이었고, 거리주막에서 학생들의 떠드는 소리가 교문 밖까지 들렸습니다.

그때 그녀가 문득 나에게 이런 질문을 했습니다.

"오빠는 왜 나를 만나는 거야?"

이런 저런 대답을 늘어 놓다가 서로 사랑하기 때문에 만나는 것이 아니냐며, 나는 그녀에게 결혼하자는 말을 했습니다. 프로포즈를 한 것입니다. 그녀의 표정은 굳어 있었고, 조금 망설이더니 이미 결혼할 사람이 있다는 말을 했습니다.

아마도 두 사람 모두 혼란스러웠을 것입니다. 그녀는 자신의 곁에 있는 사랑과 새롭게 다가오는 사랑 사이에서 혼란스러웠을 것입니다. 그리고, 나는 그녀에게 이미 결혼할 사람이 있다는 사실에 당황했던 것 같습니다. 그러나 그 후로도 나는 그녀를 사랑하기를 멈추지는 않았습니다.

비록 그녀가 끝내 내 곁을 떠날 것을 알았지만 그건 그 때 그녀를 사랑하는 것과는 전혀 별개의 문제였습니다.

지금 그녀는 결혼을 했고, 못 본 지도 오래 되었습니다.

친구의 여동생을 통해서 어디쯤 살고 있으며, 아이를 가졌다는 소식도 들었습니다. 소식을 들은 날 술에 취해서 학교 운동장을 달리던 생각을 하면 웃음이 나옵니다. 그래서 추억은 나름대로 가치가 있는 것 같습니다.

　어둠이 가득한 교정과 술에 취해서 떠드는 학생들 소리, 그 틈으로 멈추지 않을 것 같이 달리던 그 때의 감정을 나는 사랑합니다.

　사랑을 한다는 것과 결혼을 한다는 것은 별개의 문제입니다. 사랑을 한다는 것과 그 사람과 영원히 함께 한다는 것은 더더욱 별개의 문제입니다. 그 때의 감정을 소중하게 생각하고 그 때의 감정에 충실하는 것이 사랑이라고 생각합니다. 대부분의 사람은 결혼을 마치 사랑의 종착역 정도로 생각해서인지 결혼하지 못할 사람과는 사랑도 하지 않으려고 합니다.

　특히 그에게 애인이 있으면 포기하는 것이 속편하다고 생각합니다.

　사랑이라는 감정은 상황에 따라서 만들어지거나 사라지는 것이기 보다는 마음이 가는대로 행동하는 것이라고 생각합니다. 그 사람에게 애인이 있다고 해서 또 그 사람에게서 사랑을 얻을 가능성이 적다고 해서 사랑하기를 멈추지는 마십시오. 하지만 이미 애인이 있거나 결혼할 사람이 정해진 사람을 구태여 사랑하라는 것은 아닙니다. 그러나 그렇다 하더라도 자신의 사랑을 멈추지 않는 마음이 중요합니다. 누구인가를 사랑하고 싶고 사랑받고 싶다면 우선 사랑한다는 그 자체만으로 기뻐할 줄 알아야 합니다.

나는 아직도 그 때 그 사람을 사랑한 것을 후회하지 않습니다. 그 사람에게 결혼할 사람이 있다는 말을 듣고서 "가능성 없군."하며 쉽게 그 사랑을 멈추어 버렸다면 오히려 후회했을 겁니다. 그녀를 생각하면 나의 가슴 깊은 곳에서 느껴오는 기쁨은 없을 것이기 때문입니다. 이미 그 사람에게 애인이 있다 하더라도 그 사람을 사랑하는 데는 어떤 문제도 될 수 없습니다.

중요한 건 내가 사랑한다는 것입니다.

자신의 주위에 아예 사랑할 대상이 없는 것과 혼자서 짝사랑하는 것 중에서 어느 편이 더 기쁘겠습니까? 말할 것도 없이 비록 혼자하는 짝사랑일지라도 사랑하는 사람이 있는 것이 더 기쁠 것입니다. 잠들기 전 그 사람을 생각하면 마음이 기쁨으로

가득 차고, 눈을 떠서 처음으로 생각나는 사람이 있다면 하루가 행복해질 수 있습니다. 사랑하는 사람을 볼 수 없고, 그 사람에게서 사랑을 받지 못할 것이라고 생각하면 서글퍼지기도 하고 고통스러울 수도 있습니다. 그러나 아무런 느낌도 없이 싱겁게 일상을 보내는 것 보다는 즐거운 일일 것입니다.

혹시 자신의 셔츠를 사러 백화점에 갔다가 사랑하는 그녀의 원피스를 사 들고 실없이 웃으며 돌아온 적이 있습니까?

사랑은 바로 그런 것입니다. 사람을 실없이 웃게 만들고, 자신의 셔츠 대신에 그녀의 원피스를 사도록 만드는 거 말입니다. 그러면서도 행복할 수 있는 것이 사랑입니다.

우리는 이러한 감정을 중요시해야 사랑을 할 수 있습니다.

그것은 그에게 애인이 있더라도 상관하지 말고 사랑할 수 있는 마음과도 같은 것입니다.

그 사람을 사로잡는 법 11

그를 만족시켜야 한다

자신이 원하는 상대를 만나야 아쉬움 없는 사랑을 할 수 있다

사람은 누구나 나름대로의 기준을 가지고 있다고 했습니다. 사랑할 사람에 대해서도 예외는 아닙니다.

　누구나 사랑을 할 준비는 되어 있는데 그 상대를 만난다는 것이 쉽지 않다고 했습니다. 그건 자신이 원하는 사람을 만나려 하기 때문입니다. 사랑도 그 대상에 대해서 객관적으로 어느 정도는 만족되어야 생겨나나 봅니다.

　사랑에 빠진 연인들에게 상대방에 대해서 얼마 만큼 만족하냐는 질문을 했을 때, 대부분의 사람들은 80% 정도라고 대답한다고 합니다.

　100% 만족하는 사람은 적다는 결론입니다. 그만큼 누군가에게 만족한다는 것이 쉽지 않은 것 같습니다. 80%의 만족도에서 50%는 그 사람의 경제적 능력이나 학벌, 외모 등 객관적인 기준에 근거한 것이었습니다. 이것은 사람이 가지고 있는 객관적인 기준들이 사랑하게 될 사람 사이에서도 많은 영향을 미친다

는 것을 증명하고 있습니다. 결국은 배경, 능력, 학벌, 외모 등이 그 사람의 실체인 셈입니다. 따라서 우리는 이러한 면에서 자신을 만족시킬 수 있는 사람을 찾고 있는지 모릅니다. 그런 사람이 자신이 원하는 사람이고, 사랑하고 싶은 사람일 가능성이 높습니다. 우리는 이러한 면들을 부정할 수는 없을 것 같습니다.

흔히 이런 말을 합니다.

"그 사람 자체를 사랑해야지……."

그 사람 자체라는 것이 무엇입니까? 이 말만큼 애매한 말도 없습니다. 그 사람 자체란 역으로 말하면 그 사람이 가진 것 모두 라는 것을 말 할 수도 있습니다. 좋은 점 뿐만 아니라 나쁜

점들도 사랑해야 된다는 것 쯤으로 받아 들여도 될 것입니다.

사람은 신이 아니기에 단점보다는 장점들을 높이 평가합니다. 능력이 없는 것보다는 있는 것을, 못생긴 것 보다는 아름다운 것을, 무식한 것 보다는 지성을 높이 평가합니다. 마음도 이왕이면 더 좋은 것에 끌리게 마련인데 사랑이라고 해서 예외일 수는 없는 것 같습니다. 그렇다고 누가 이러한 면들에 대해서 욕할 수 있겠습니까?

이 글을 읽는 독자들 중에서도 대부분은 미팅이나 소개팅, 혹은 선을 본 경험이 있을 것입니다. 그 자리에서 마음에 든 사람을 만난 적이 몇 번이나 됩니까?

혹, 한 번도 그런 사람을 만난 적이 없거나 반대로 자신이 오히려 외면당한 적은 없습니까? 그렇다면 그런 이유는 무엇이라고 생각하십니까? 물론 객관적인 기준일 것입니다. 그래서 사람은 자신을 어느 정도는 만족시켜 줄 사람을 찾고 그러한 사람과 사랑에 빠지는 것은 당연합니다.

그런데 문제는 여기에 있는 것 같습니다. 나 자신은 내가 원하는 사람을 만족시키기에 충분한 장점들을 갖추고 있을까?

우리는 상대방을 만족시킬 정도의 객관적 장점들을 갖고 있지 않으면서 상대방은 나를 만족시켜 줄 정도의 사람이기를 바라고 있는 것은 아닙니까? 그러나 이런 사람들의 욕심이란 것이 쉽게 포기되는 것 또한 아닙니다.

그렇다면 방법은 내가 그 사람을 만족시켜 줄 정도가 되도록 노력하는 것밖에 없습니다. 외모에서 뒤떨어진다면 운동으로 몸매를 가꾸고 유행과 세련미에 대한 감각을 가지도록 노력해야 합니다. 지성에서 뒤떨어진다면 적어도 1주일에 한 번 정도는 서점을 찾을 줄 아는 사람이 되어야 합니다. 경제적 능력에서 뒤떨어진다면 저축을 하든지 재테크를 하든지 능력을 보충해야 합니다.

아직도 신데렐라를 꿈꾸십니까? 만약 자신이 신데렐라가 되기에 충분한 자질이 있다면 그렇게 되어 보는 것도 나쁠 건 없습니다. 자신의 외모가 아름답다면 상대방에게 섹스어필하는 것도 하나의 수단이 될 수도 있습니다. 만약 그렇지 못하다면 지금 당장 그런 생각에서 벗어나 신데렐라를 꿈꾸기 전에 나 스스로 신데렐라가 되어야 됩니다.

우리는 현실에서 살아가고 있기 때문에 사랑도 현실에서 찾아야 할 것입니다. 아름답고 지성까지 갖춘 여성이 아무 것도 가진 것 없는 자신을 선택할 가능성은 적습니다. 명문대 출신의 엘리트 남성이 학벌도 전문성도 없는 자신을 선택할 가능성은 적습니다.

그러나, 이러한 벽을 넘어 내가 만족할 사람을 만날 수 있는 방법은 나 스스로 능력을 갖추는 것 뿐입니다. 사회적 능력이 있거나, 아니면 적어도 가능성이 있는 사람이 매력적일 수 밖에 없습니다. 그런 사람을 원한다면 나도 그렇게 되는 것이 그냥 앉아서 그런 사람을 기다리는 것보다 현명합니다.

사랑이라는 문제에 대해 객관적인 기준들을 제시한다는 것이 너무 왜곡된 생각일 수 있습니다. 순수해야 하며 감정이 더 중요시되어야 할 사랑에 세속적인 조건들이 구차할 수도 있습니다. 그러나 우리는 그런 면들을 무시할 수는 없습니다. 무시하지도 않습니다. 그러한 것들이 어떻게 보면 서글픈 일이기도 하고, 사랑이 이런 현실적 조건들에 의해서 좌우된다는 것이 안타깝기도 합니다.

그러나 어쩌겠습니까?

우리는 소설도 영화도 아닌 현실에서 살고 있기 때문에 이러한 것들을 받아들일 수밖에 없습니다. 그렇다면 나도 상대방을 만족시킬 수 있는 사람이 되도록 노력해야 합니다. 그래야지 자신이 원하는 상대를 만나서 아쉬움 없는 사랑을 할 수 있지 않겠습니까?

 자신은 아무런 노력도 않고 그저 좋은 사람만 찾는다면 그런 사람이 나에게 눈길을 줄 리 없습니다. 그도 자신보다 더 나은 사람을 찾거나 적어도 자신 정도는 되어야 된다고 생각하고 있을지 모릅니다. 선택이 오기를 기다리느니 내가 선택하는 것이 빠릅니다. 그렇다면 기댈 수 있는 단 한 가지 방법은 자신의 능력과 노력밖에 없습니다.

그 사람을 사로잡는 법 12

잃는 건 쪽팔림 뿐이다

내가 빈틈이 있어야 상대방도 들어올 자리가 있습니다

스치고 지나간 사람 중에 아직도 아쉬워 하고 있는 사람은 없습니까?

그 때 마음 한 번 털어놓지 못한 것을 후회한 적은 없습니까?

버스가 지나가고 나서 손을 들어봐야 소용없다는 말이 있듯이, 사랑하는 사람이 곁에 있을 때 다가가야지 망설이다가는 아무 것도 안 됩니다. 세상에는 노력해서 되는 일이 있고, 노력해도 안되는 일이 있는건 사실입니다. 되지도 않을 일에 덤비다가 시간과 에너지만 낭비하고 잘못하면 오히려 상처만 입을 수도 있습니다. 그렇기 때문에 될 일과 안 될 일을 미리 구분해서 행동한다면 실패도 없을 것입니다. 실패로 인해서 상처받는 일은 더욱 없을 것입니다.

그러나 될 일인지 안 되는 일인지 어떻게 미리 알 수 있겠습니까? 부딪쳐 보지 않고서 단정지을 수는 없습니다.

사랑도 마찬가지입니다. 그 사랑이 이루어질 수 있을지 그렇지 못할 것인지는 부딪쳐 봐야 합니다. 거절 당하거나 결국엔 외면 당하더라도 자신의 마음을 적극적으로 보여 주어야 합니다.

혹시나 이러한 일을 부끄럽다고 생각하고 있는 것은 아닙니까? 만약 그렇다면 그런 생각들을 바꾸어 보십시오. 자신의 뜻대로 되지 않고 거절당한다고 해도 내가 잃을 것은 쪽팔림 뿐입니다.

언젠가 친구의 부탁으로 1년 전에 외국어 학원에서 잠깐 알고 지냈다는 여자친구에게 대신 전화를 해준 적이 있습니다. 친구가 1년 전 학원에서 그녀를 처음 보았을 때 느꼈던 사랑이 1년이 지난 지금도 사라지지 않는다고 했습니다. 아마도 친구는 그녀를 많이 사랑했지만 막상 그녀에게 다가서는 걸 어려워한 것 같습니다. 그리고 1년 동안 그녀를 한 번도 못 만났으면서도 그녀에 대한 미련을 갖고 있었나 봅니다.

 나는 지금이라도 연락을 해 보라는 충고를 해 주었지만, 친구는 그렇게 할 정도의 용기가 있는 사람이 못 되었습니다.

안타까운 마음에 친구 대신 전화해 주기로 했습니다. 혹시, 결혼은 했는지, 사랑하는 사람이 있는지 알고 싶다는 친구의 부탁을 거절할 수는 없었습니다. 만약 그런 사람이 아직도 없다면 용기를 내어 그녀를 만나도록 시도를 해 보려는 마음이 이제서야 생겼나 봅니다.

친구의 부탁대로 그녀의 집으로 전화를 했고, 몇 번의 발신음과 함께 중년쯤 됨직한 부인이 전화를 받았습니다.

"안녕하세요? 저…… 지영이 학교 선배인데요. 집에 있습니까?"

"우리 지영이, 몇 달 전에 결혼했는데……."

"네…… 잘 알겠습니다."

그녀가 이미 결혼을 했다는 소식을 듣고서 친구는 무척 실망했습니다. 그 때 나도 그 친구에게 그녀가 곁에 있을 때 왜 한 번이라도 데이트 신청을 하지 않았냐고 실망스러운 말투로 몰아 부쳤습니다. 친구는 혹시나 그녀가 거절하지 않을까 두려워서 말을 건넬 수가 없었다고 했습니다.

잊지 마십시오. 잃을 것은 그저 쪽팔림 뿐입니다. 그것이 두려우면 아주 오랫 동안 아쉬워하며 그 사람을 잊어야 할 것입니다.

그나마 말이라도 건네보고 자신의 마음이라도 털어 놓았다면 후회는 없었을 것입니다.

만약에 상대방도 나에게 호감을 가지고 있었고, 데이트 신청이라도 먼저 해 주기를 기다렸다면 어떻게 하겠습니까? 서로 먼저 말을 건네 오기를 기다렸는데, 두 사람 모두 상대방의 눈치만 보다가 멀어졌다면 서로 아쉬워하는 것 조차 알지 못할 것입니다.

그저 잃는 것은 쪽팔림 뿐입니다. 아예 팔릴 쪽이라면 일찌감치 팔아 버리십시오. 그렇다면 더 이상 팔릴 쪽도 없을 것입니다. 그러면 사람에게 다가가는 것에 대해서 두려워하거나 망설이지 않아도 됩니다. 그 사람도 나에게 관심이 있는지 없는지 이야기를 해 봐야 알 수 있고, 그 사람이 나를 사랑하게 될지 아예 가능성 조차 없을지도 도전해 봐야 알 수 있습니다.

결과는 나중의 일입니다. 미리 결과를 두려워하고 망설이다가는 사랑하는 사람이 멀어져 가는 것을 지켜보는 쓸쓸함을 맛보아야 합니다. 더 이상 두려워하지 말고 자신의 마음이 가는 대로 행동하려는 용기를 가지십시오.

아마 상대방도 내가 적극적으로 다가오기를 기다리고 있을지도 모릅니다.

나도 그랬습니다. 그녀를 만나서 가까워지기 전에 그녀도 나에게 관심이 있을 것이라고는 상상조차 못했습니다. 그녀가 근무하고 있었던 사무실을 수차례에 걸쳐 들렀지만 그녀가 내게 관심이 있을 것 같은 낌새는 전혀 눈치채지 못했기 때문입니다.

지금 그녀는 내게 이런 말을 합니다. 내가 어느 사무실에서 일하고 있었는지 궁금했었다고, 다른 사람에게 물어 보기도 어색하고 혼자서 궁금해하고 있었다고……. 만약에 내가 용기를 내어 그녀에게 다가가지 않았다면 그녀에게 이러한 마음이 있었는지 조차 모르고 지나쳐 버렸을 것입니다.

우리는 자신의 마음을 드러내 보이는 것을 너무 두려워하는 것 같습니다. 상대방이 조금이라도 눈치를 못 채게 하려고 애를 쓰는데, 전혀 그럴 필요가 없습니다.

자신이 먼저 마음을 보여 주어야 상대방도 어떻게든 반응을 보일 수 있는 것입니다. 부끄럽다는 생각을 버려야 그 사람에게 다가갈 수 있습니다. 내가 빈틈이 있어야 상대방이 들어올 자리가 있습니다.

지금 사랑하고픈 사람이 있다면 그 사람에게 다가가 이렇게 말해보세요.

"사실은 당신을 많이 좋아하는 것 같은데…… 어쩌죠?"라고.

그 사람을 사로잡는 법 13

세 살 쯤 젊어지자

젊어 보인다는 것은 아직 신선함이 남아 있다는 것입니다

주위에서 자신을 실제 나이보다 적게 보면 참 기분이 좋습니다. 젊게 보인다는 것이 기분 좋은 이유는 단순히 늙는 것이 싫어서가 아니라 자신에게도 아직 신선함이 남아 있는 것 같기 때문입니다.

사람이 나이를 먹어서도 신선함을 가지고 있다는 것은 좋은 일입니다. 더구나 사회생활을 하다보면 자신도 모르게 찌들 수 있습니다. 일에 대한 스트레스와 사람 사이에서 발생하는 신경전으로 예전에 가지고 있는 생각과 마음들이 시들어 갑니다. 그렇기 때문에 신선함을 간직하고 산다는 것이 더 중요할지 모릅니다.

20대 중반까지만 해도 나이를 먹는다는 것에 대해 신경을 많이 쓰지 않습니다. 그러나 20대 중반을 넘어서면서 서서히 나이를 의식하게 됩니다.

"아! 어느 사이에 벌써……."

이러한 한탄을 하게 되면 그 때부터 어리게 보인다는 말에 감격하게 됩니다.

나도 스물 다섯 쯤에서부터 나이에 대한 강박관념을 느꼈던 것 같습니다. 인생의 삼분의 일을 넘기고 있다고 생각하니까 마음만 더 조급해 지고 나이를 먹고 신선함을 잃게 되면 왠지 사랑하고도 거리가 조금씩 멀어지는 것 같이 느껴졌습니다. 사랑할 대상도 줄어들고 마음의 여유도 사라지며 한 때 즐기던 것들에 흥미를 잃고 모든 것이 시시해지기도 합니다. 나이를 먹는다는 것은 썩 기분 좋은 일은 아닌 것 같습니다.

그렇다면 자신의 나이보다 세 살 쯤 젊어지십시오. 너무 어리게 생각하고 행동하면 경박해 보일 수 있고, 너무 나이 먹은 티를 내면 웬지 무거워 보입니다. 따라서 자신의 나이보다 세 살 정도 어려 보이는 것이 가장 적당할 것 같습니다.

실제 나이보다 세 살쯤 젊어지면 얻는 것도 많습니다.

사랑하는 것도 그렇습니다. 우선 사랑에 빠질 기회가 많아질 수 있습니다. 만약 29세 나이의 남자가 30대 처럼 보인다면 아마도 그 기회가 동갑이거나 기껏해야 한두 살 적은 여성에게 한정될 것입니다. 자신과 나이 차이가 많이 나는 여자로부터 관심을 얻을 가능성이 줄어듭니다. 그리고 그들로부터 늙은이 취급을 받을 수도 있습니다.

반대로 실제 나이보다 세 살 쯤 어려보인다면 스물 두세 살의 여성에서부터 동갑에 이르기까지 그 대상의 폭이 넓어집니다. 물론 그를 대하는 여성도 그를 부담스러워하지 않으며 나이를 별로 인식하지 않습니다.

여자도 마찬가지입니다. 나이가 들수록 자신의 나이보다 어려 보이는 것은 많은 이점을 줄 수 있습니다. 특히 남자들이 어린 여자를 좋아하는 경향이 있기 때문에 나이가 들면 어리게라도 보여야 합니다.

그리고 여성의 경우, 연하의 남자와 사랑하는 경우도 많기 때문에 반드시 남자가 여자보다 나이가 많으라는 법은 없습니다. 내 주위에도 연하의 남자와 교제를 하는 여자가 몇 있는데 그들의 공통점은 외모나 생각이 젊다는 것입니다. 따라서 남자든 여자든 자신의 나이보다 세 살 쯤 어려지면 그만큼 사랑할 대상을 선택할 폭이 넓어질 수 있습니다.

어떻게 하면 실제 나이보다 세 살쯤 어려 보일 수 있을까요?

첫째, 입고 있는 옷에 변화를 주십시오.

혹시 나이를 너무 의식한 옷차림은 아닌지, 세련되고 유행적인 것을 경박함으로 치부해 버리지는 않는지, 거울 앞에서 자신을 분석해 보십시오.

만약에 자신의 차림새에 나이에 대한 의도가 배여 있다면 당장 그 옷을 벗어 버리십시오. 사무적이거나 격식을 차려야 할 장소라면 몰라도 일상적인 장소에서까지 나이를 너무 고려할 필요는 없습니다.

둘째, 잘 놀 줄 알아야 합니다.

나이가 들면서 노는 것 하고는 거리가 멀어질 수 있습니다. 20대 초반에는 나이트클럽 입구에서 요란한 음악소리만 들어도 가슴이 뛰었는데 20대 후반쯤 가면 좀처럼 신나는 일이 없습니다.

스트레스가 많이 쌓이면서 느는 것은 술과 담배 뿐입니다.

노는 것하고는 거리가 멀어집니다. 그러나 가끔은 지금 유행하고 있는 댄스 음악을 틀어 놓고 춤이라도 추어 보십시오. 이런 행동이 어색하다고 생각하는 고정관념에서 벗어나 보십시오. 29살이지만 놀 때에는 21살로 돌아갈 줄 아는 것도 능력일 수 있습니다.

셋째, 신선한 사고를 가지십시오.

자신의 나이에 맞지 않게 생각하고 행동하는 것을 나잇값 못한다고 치부하는 마음은 버려야 합니다. 그래도 연륜에서 오는 사고의 깊이는 내면에 간직하고 있습니다.

얼굴은 마음의 거울이라고 했습니다. 그 사람의 사고가 고지식하면 그 사람의 표정도 어둡게 마련이고 그 사람의 사고가 신선하면 그 사람의 표정이 밝을 수밖에 없습니다. 몸과 마음이 세 살 쯤 젊어지면 생활도 세 살 쯤 젊어지고 그것은 사랑에 대한 여유를 뜻할 수도 있습니다.

20대 초·중반에는 사랑하는 사람을 만나면 결혼하겠다더니 20대 후반 쯤 되면 결혼하기 위해서 사람을 만납니다. 그것은 나이를 의식한 조바심에서 나온 결과입니다.

자신의 나이보다 세 살 쯤 어리게 생활한다면 사랑과 결혼에 대해서도 3년 쯤의 여유를 가질 수 있을 것입니다.

그 사람을 사로잡는 법 14

사랑할 수 있다는 것만으로도 기뻐하자

조급하게 사랑을 결판지으려는 것은 어리석을 수 있습니다

10년 동안 한 사람만 사랑한다는 것은 어떻습니까? 그것도 일방적인 짝사랑을 10년 동안 할 수 있겠습니까?

동생 친구 중에는 한 남자를 10년 동안 혼자서 사랑한 여자가 있습니다. 그녀는 자기가 사랑한 남자를 대학교 1학년 때 만났고 그 남자는 그녀의 동아리 선배였습니다. 그녀는 그 남자를 무척 사랑했는데 그 남자는 그녀를 단순히 후배로서 잘 대해 주었나 봅니다.

두 사람은 서로 사랑하는 단계로 발전하지는 못했습니다. 단순한 선후배 사이였을 뿐 그 이상의 아무 것도 없었습니다. 그 남자에게 애인이 생겨도 그녀의 사랑에는 변함이 없었고…….

그리고 10년이 흘렀습니다. 그 동안 그 남자는 군대를 갔다 오고, 졸업을 하고 취직을 해서 사회인이 되었습니다. 여전히 그녀는 후배라는 자리를 지키며 그 남자에게 몇 번의 사랑이 왔다 가는 것을 지켜 보아야 했는지 모릅니다. 그 때마다 그녀는 후배로서 술친구로서 그 남자의 가슴 아픈 이야기들을 들어 주어야 했을 것입니다.

그녀도 그 남자를 사랑하는 것에 너무 익숙해져서 그렇게 힘든 것 조차도 못 느꼈을 수 있습니다.

10년은 아주 긴 시간입니다. 그러나 10년이라는 시간은 그녀를 배신하지 않았습니다. 그 남자도 오랫동안 자신을 지켜보아 왔던 그녀를 선택한 것입니다. 그 남자에게도 어쩌면 그녀를

사랑하는 마음이 처음부터 있었을지 모릅니다. 단지 그것이 내면에 흐르는 물과 같이 고요해서 느낄 수 없었을 것입니다. 아니면 언제인가부터 그녀를 사랑하는 마음이 서서히 생겨 났을 수도 있습니다.

중요한 건 오랫동안 한 남자를 사랑했던 그녀의 마음이 받아들여졌다는 것입니다. 우리는 10년 동안 한 남자만 지켜보았던 그녀를 어리석다고 말할 수도 있겠지만 그 동안 그녀도 누군가를 사랑한다는 것만으로 행복했을 것입니다.

처음에는 그녀도 마음이 많이 아팠을 것이며 그 사람에 대한 사랑을 포기하려고 한 적도 있었을 것입니다. 하지만 시간이 지나면서 그 남자를 사랑한다는 것이 그녀의 삶의 한 부분이 되어 버렸을 지도 모릅니다. 어쨌든 그녀는 10년을 기다렸고 다행히 그 사랑이 이루어졌습니다.

이러한 이야기는 너무 극단적인 예가 될 수도 있겠지만 사랑에는 느긋함이 필요한 것이 사실입니다. 누구인가를 만나고 그 사람에 대한 사랑의 감정이 생겼다고 해서 상대방에게도 나와 똑같은 마음이 생기기를 강요할 수는 없습니다.

때로는 그 사람이 자신을 사랑할 수 있도록 더 많이 사랑해야 합니다. 또는 혼자서 사랑하는 것만으로 만족해야 할 지도 모릅니다. 결과가 어떻든지 사랑을 쉽게 멈추어서는 안 됩니다.

어느 한 순간에 타오르는 사랑도 있지만 자신도 알지 못하는 사이에 서서히 뜨거워지는 사랑도 있다고 했습니다.

혹시 누군가를 사랑했다가 상대방이 자신에게 관심이 없다고 쉽게 돌아선 적은 없습니까? 상대방도 자신을 사랑하지 않는다고 해서 쉽게 그 사랑을 멈추어 버린 적은 없습니까?

만약 그런 경우가 있다면 느긋함을 가져 보십시오. 상대방이 나에게 관심과 사랑을 가질 수 있도록 시간을 주어야 합니다. 나는 저 사람을 사랑하지 않을 수 없다고 생각한다면 그 결과를 두려워 하지 말고 사랑하십시오.

그 사람이 나에게 별 반응이 없어도 좋습니다. 구태여 내가 저 사람만을 사랑할 필요가 있겠느냐고 생각하거나 그 사람이 나한테는 관심도 없는데 나 혼자 좋아하는 것이 자존심 상한다고 생각하면 그것은 사랑이 아닙니다. 설사 결과가 기대와는 다를지라도 상관말고 느긋하게 기다리며 사랑할 수 있어야 합니다. 그 사람에게 사랑을 요구하기보다는 좋은 친구가 되어 기다려 보는 것도 좋은 방법이라고 봅니다.

그러다 보면, 어느 사이에 그 사람의 마음 한 구석에 아주 소중한 존재로 남게 될 수도 있습니다. 알게 모르게 그 사람에게 없어서는 안 될 존재가 될 수도 있습니다. 조급함은 될 일도 망치는 법입니다. 사랑이라고 해서 예외는 아닙니다. 더구나 기를 쓰고 억지로 밀어붙인다고 해서 되는 일은 더욱 아닙니다. 사람은 누구나 너무 가까이 오면 물러서고 또 물러서면 아쉬워하는 경향이 있습니다.

따라서 적정거리에서 기다리는 느긋함이 필요합니다.

10년까지는 못될지라도 어느 정도의 기간이 필요할 때도 있기 때문에 그 기간이 고통스럽다고 생각하지 말고 즐겁다고 생각하십시오. 사랑에 너무 집착한 나머지 자신이 정작 해야 할 일을 외면하는 것도 어리석을 수 있습니다.

어쩌면 둘 다 잃어 버릴 수도 있습니다. 사랑도 잃고 자신도 잃고……. 아마도 이런 경우를 본 적이 한두 번은 있을 것입니다. 그렇다고 사랑을 자신의 삶에 있어 방해꾼 정도로 여겨서도 안 됩니다. 특히 혼자서 하는 사랑인 경우를 보면, 피곤하게 생각하고 어차피 안 될 일이라며 빨리 포기해 버리려고 합니다.

나는 느긋함을 가지고 사랑하라고 말하고 싶습니다. 너무 조급하게 사랑을 결판지으려는 것도 어리석고, 너무 성급하게 결론을 내리고 돌아서는 것도 어리석은 일입니다.

다시 한 번 더 말하지만, 이 세상에 사랑할 대상이 있는 것만으로도 충분히 기쁠 수 있습니다. 기뻐하며 자신의 삶에도 충실할 때 반드시 그 사랑도 얻을 수 있을 것입니다.

그 사람을 사로잡는 법 15

결혼에 대한 생각을 바꾸자

결혼은 두 번 할 수도 있고, 세 번 할 수도 있고, 안 할 수도 있습니다

사회에는 고정관념이라는 것이 있어, 사람들이 만들어 놓은 잣대에 맞추어 살지 않는 사람은 어떤 문제라도 있다는 듯한 눈총을 받습니다.

사람들은 어느 정도의 나이에는 적어도 그 나이에 맞는 결과가 있기를 바랍니다.

적정한 때에 직업을 갖고 결혼을 하고 아이를 낳는 것을 마치 사회의 표준인 양 생각합니다. 자신의 적성과는 전혀 상관없는 전공을 선택해서 대학을 가고 그럭저럭 졸업해야 하며 취업이라는 시대적 요구도 거역할 수 없습니다.

이 많은 선택들 중에 자신의 의지에 의한 것이 과연 얼마나 되겠습니까? 남들이 다 그렇게 하므로 자신이 그 흐름에서 벗어난다면 마치 사회의 낙오자가 될 것 같은 불안감에서 헤어나지 못합니다. 결혼도 때가 되면 반드시 하지 않으면 안 되는 무엇쯤으로 인식되어 있습니다. 그래서 나이가 들면 결혼을 해야 된다는 강박관념에 시달리고 자신도 모르게 결혼에 집착하게 됩니다.

결혼을 하고 싶다는 스스로의 바람도 있겠지만 주위에서 결혼을 독촉하기 때문에 받는 스트레스가 더 큽니다.

"결혼 안 하세요?"

"언제 결혼할 건가요?"

언제부터인가

이러한 말들이 인사처럼 되어 버립니다.

결혼에 대한 성화가 심해지다 보니 사랑없이 결혼을 하고, 결혼을 위해서 사랑도 합니다. 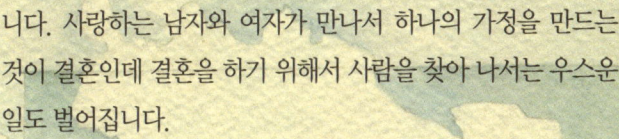사랑하는 남자와 여자가 만나서 하나의 가정을 만드는 것이 결혼인데 결혼을 하기 위해서 사람을 찾아 나서는 우스운 일도 벌어집니다.

때가 되면 결혼을 해야 한다는 강박관념때문에 사랑이 방해를 많이 받습니다. 사랑보다도 결혼을 더 중요시 여기는 경향도 있습니다.

오죽하면 사랑 따로 결혼 따로라는 말이 있겠습니까? 연애할 대상과 결혼할 대상이 다르다는 것입니다. 사랑한다고 반드시 결혼하는 것도 아니고 사랑이 없어도 결혼은 할 수 있다고 생각합니다. 결혼하는 대상을 염두에 두다 보니까 사랑할 사람을 거기에 맞추어 고르게 되는 경향도 있습니다.

결혼은 때가 되면 반드시 해야 되는 것이 아니라 사랑하기 때문에 하게 되는 한 과정일 뿐입니다. 사랑하는 사람을 만나지 못했으면 결혼을 안 하고 혼자서 살 수도 있는 것입니다.

사랑도 없이 때가 되었다고 대충 서둘러 짝을 찾는 것보다, 남들보다 늦게 올지도 모를 사랑을 기다리는 것이 더 행복할 수 있습니다.

어떨 땐 주위에서 하나둘씩 결혼하니까 자신도 모르게 조바심이 생기기도 합니다. 다 가버리면 사랑할 상대도 없어질 것 같습니다. 같이 어울려서 인간적 정을 나누던 친구와도 거리가 멀어지게 됩니다. 자신만 혼자로 남는 외로움과 쓸쓸함을 상대로 싸울 자신이 없어 집니다.

그래서 때를 놓치기 전에 사랑해야겠다는 생각이 듭니다. 아니 때를 놓치기 전에 결혼은 해야겠다는 생각이 듭니다. 비록 사랑이 없더라도 결혼은 해야겠다는 생각까지 듭니다.

결혼이라는 것은 두 사람의 사랑을 많은 사람들에게 알리는 공식적인 행사인데, 그 이상의 큰 의미를 두다 보니 말썽도 많고, 결혼을 해서 오히려 불행해지기도 합니다.

결혼은 사랑하는 사람끼리 하게되는 자연스러운 과정이고, 그 과정에서 아이도 낳고 가정도 꾸미게 되는 것입니다.

 사람들이 이렇게 생각했으면 좋겠습니다. 사랑이 있으면 20대 초반에 결혼을 할 수도 있고 40대 중반에 할 수도 있는 것으로, 반대로 사랑이 없으면 결혼을 안하는 것이 당연한 것으로. 때가 되면 결혼을 해야 한다는 생각이 강하다 보면 사랑도 때가 있다고 생각할 수 있습니다. 그러나 초등학교 때도 사랑하는 감정은 있습니다. 중학교 때도, 고등학교 때도, 대학교 때도, 그리고 지금도 사랑이라는 감정에는 변함이 없습니다.

 항상 그 때는 그 당시의 감정이 최고라고 생각했고, 내가 20대 초반일 때는 서른 쯤 되면 사랑하고는 꽤 거리가 멀어질 것이라고 생각했지만 그렇지는 않았습니다. 마찬가지로 40대가 되어도 사랑이라는 감정은 여전히 순수한 모습 그대로 살아 있을 것입니다.

 결혼도 사랑하는 사람을 만나면 20대에도 하고 30대에도 하고 40대에도 할 수 있는 것입니다. 결혼을 염두에 두고 사랑하는 사람을 만나지 못해서 조바심내지 말았으면 합니다.

 때가 되었기 때문에 결혼을 해야 한다는 고정관념에서 벗어났으면 합니다. 결혼을 해야 사랑에도 성공한 사람처럼 비추어지기 때문에 결혼을 위해서 대충 만나는 것은 그만 두었으면 좋겠습니다.

 결혼을 하고도 헤어지는 사람이 있고, 결혼은 하지 않았지만 사랑하는 사람들도 있습니다. 나는 전자보다는 후자를 선택하라고 말하고 싶습니다.

때가 되었기 때문에 결혼을 해야 하고 따라서 사랑도 해야 한다는 생각보다는 사랑하는 사람을 만났기 때문에 결혼을 하게 되기를 바랍니다.

한 번의 결혼으로 평생동안 같이 사는 사람도 있겠지만, 결혼은 두 번 할 수도 있고, 세 번 할 수도 있고, 안 할 수도 있습니다. 그렇다고 사랑을 하지 않는 것은 아닙니다. 헤어졌지만 여전히 그 사람을 사랑할 수도 있습니다.

결혼에 대한 집착에서 벗어난다면, 결혼을 반드시 해야 되는 무엇 쯤으로 여기는 생각을 버린다면, 우리는 사랑이 결혼보다 더 소중한 것임을 느끼며 살 수 있을 것입니다.

그 사람을 사로잡는 법 16

상대방에게 나를 맞추자

성격차이 만큼 반론의 여지가 없는 이유는 없습니다

대학교 1학년 때 '가정과 법률'이라는 교양 과목을 수강한 적이 있었는데, 우리는 법원을 찾아가 실제 재판 상황을 보고 리포트를 작성해서 제출해야 했습니다.

민사 소송에 관한 재판이 대부분이었고, 몇 건의 이혼 소송도 있었습니다. 이혼 소송에 나온 당사자들을 보면서, 저들에게도 처음에는 맹목적이고 가슴 설레는 사랑이 있었을 텐데 어떻게 저토록 사람이 변할 수 있을까, 상상할 수 없을 정도로 심각해 보였습니다.

결혼한 지 1개월도 안 된 사람도 있었고, 10년 넘게 부부로 살다가 헤어지려는 사람도 있었습니다. 이혼사유도 가지각색이었습니다.

두 사람이 각각 종교가 달랐고, 결혼 후 개종하겠다는 약속이 이행되지 않아서 헤어지려는 사람, 불치의 병이 있어서 헤어지려고 한다는 마음 아픈 변명, 그 밖에도 별의별 이유들이 너무나 많았습니다. 하지만 이혼 사유 중에 가장 많은 것은 듣던대로 성격차이였습니다.

두 사람이 어떤 면에서 이혼할 정도로 성격이 차이 나느냐는 판사의 질문에 명확하게 대답하지 못하는 것이 바로 성격차이라는 것이었습니다.

내가 판사라면 아주 애매한 사유라고 생각하고, 아마도 대부분 무효라는 판결을 내렸을 것입니다.

결혼 뿐만 아니라 연애 도중에도 상대방이 자신과 맞지 않는다고 헤어지는 경우가 많습니다. 남녀가 사귀다가 중간에 헤어지는 이유로는 성격차이가 가장 많지 않을까 싶습니다. 성격차이만큼 둘러대기 쉬우면서 상대방에게 반론의 여지가 없는 이유도 없을 것입니다. 왜냐하면 성격차이가 없을 수는 없기 때문입니다. 그 차이라는 것은 취향이 다르다거나 종교가 다르다거나 생각이 다르다는 문제들일 것입니다.

한 번을 만나고도 상대방과 여러모로 다른 점이 많다고 두 번 다시 만나지 않으려는 경우도 있고, 한때는 이 세상에서 가장 사랑하는 사람들인 것처럼 떠들다가 결국엔 서로 맞지 않는다고 헤어지는 경우도 있습니다.

물론 사랑한다고 모두가 헤어짐이 없이 영원히 함께 할 수는 없습니다. 그러나 두 사람의 사랑이 식을 정도의 문제가 있었는지 또는 자신이 먼저 상대방에게 맞추어 보려는 노력은 했었는지 스스로 평가해 볼 필요는 있습니다. 아무런 노력이 없었다면 다음에 다른 사람을 만나고 또 그 사람과 사랑을 한다해도 같은 문제가 발생할 소지는 남아 있을 것입니다.

사랑을 하려면 이러한 마음가짐이 중요합니다. 나와 상대방이 같은 생각과 가치관을 가질 수는 없다는 사실을 인정하고 상대방에게 맞춰주려는 마음가짐을 갖는 것이 중요합니다.

"그 사람은 나와 취미가 안 맞아."

"나와 종교가 다르면 힘들거야."
"생각하는 것이 달라."

자신과 다르다는 것에 대해서 상당히 신경을 쓰나 봅니다. 이렇게 다르기 때문에 사랑을 하는데 장애가 된다고 생각하는 모양입니다. 입장을 바꾸어 생각해보면 그 사람도 나를 자신과는 다른 사람이라고 생각할 것입니다.

그렇다면 이 세상에 같은 사고를 하고 같은 취미와 같은 행동방식을 가진 사람이 얼마나 되겠습니까?

대학교 때 나는 같은 학교에서도 학과가 다르면 그 사람의 사고에 큰 차이가 난다는 걸 실감한 적이 있습니다.

몇 해 전 법조계 개혁에 대한 방침으로 로스쿨에 대한 이야기가 나왔을 때의 일입니다. 경제학과 친구 한 명과 사법고시를 준비하고 있는 선배, 그리고 전자공학과 친구, 나, 이렇게 넷이서 로스쿨에 관한 논쟁을 벌인 적이 있습니다. 나를 포함한 경제학과 친구는 당연히 시장논리에 근거해서 열심히 자신의 주장을 펼쳤습니다. 그러던 중 옆에서 한참을 듣고 있던 사법고시를 준비하고 있는 선배가 제동을 걸었습니다. 우리는 내심 긴장하고 그 선배의 말에 귀를 기울였지만, 그 선배가 한 말은 전혀 예상밖의 것이었습니다.

"먼저 개념부터 정의하고 이야기 하는 게 어때?"

그 때 우리는 법대생다운 발언이었다며 한바탕 웃음을 터뜨렸습니다. 그러나 전자공학과 친구는 논쟁이 끝날 때까지 아무 말 없이 계속 술잔만 비우고 있었습니다.

나는 여기에서 그 논쟁의 참여도와 주장의 타당성을 말하려는 것이 아닙니다. 그것보다는 같은 울타리에서 공부한 친구들 사이에도 이처럼 각자 사고방식에 많은 차이가 나타난다는 것을 말하려고 하는 겁니다. 하물며 오랫동안 다른 환경과 가정에서 성장한 남자와 여자 사이에 다른 면이 있는 것은 당연합니다. 사랑은 이러한 차이를 존중해 줄 때 더욱 가까이 다가옵니다.

사람은 상대방을 자신에게 맞추려는 무의식적인 생각들을 가지고 있는 것 같습니다. 좋을 때는 무한히 좋을 것 같던 두 사람 사이에 약간의 트러블이 발생하면 이러한 면들이 적나라하게 드러납니다.

 누군가를 사랑하고 싶다면 자신을 상대방에게 맞추려는 생각을 먼저 가지기 바랍니다. 나는 산을 좋아하는데 그녀는 바다를 좋아한다고 합니다. 그렇다면 오늘부터 바다를 더 좋아해 보십시오. 그럼 아마 그녀도 산을 좋아하게 될 것입니다.

그 사람을 사로잡는 법 17

사랑이 없다는 것도 알자

사랑에 대한 기대가 너무 크기 때문에 실망도 큽니다

사랑은 이루어지지 않았을 때 아름답습니다.

'로미오와 쥴리엣'이 그렇고 '젊은 베르테르의 사랑'이 그렇고 영화, '사랑과 영혼'에서의 사랑이 그렇습니다.

죽음까지 초월한 사랑을 그린 영화, '사랑과 영혼'은 전국 영화관에서 장기적인 상영을 하면서 많은 젊은 남녀에게 사랑에 대한 환상을 심어 주었습니다. 그래서 그들은 사랑하는 사람을 위해서는 적어도 목숨을 걸어야 진정한 사랑이라고 생각하는지 모릅니다.

젊은 날의 많은 부분을 사랑으로 아파하고 괴로워하고 그러면서도 여전히 사랑에 대한 기대를 안고 있는데 느닷없이 사랑 같은 건 없다고 말하면 얼마나 잔인한 것입니까?

그래도 어쩌겠습니까? 사랑 같은 건 없는데……. 적어도 그들이 생각하는 그런 사랑이 이 세상엔 존재하지 않는데…….

사랑은 일시적으로 찾아오기도 합니다. 사람을 처음 만났을 때와 이별할 때가 그렇습니다. 사람을 만나서 사랑을 느끼기 시작할 때 그 감정을 두고 바로 이것이 사랑이라고 믿습니다. 영화보다도 소설보다도 자신이 하고 있는 사랑이 더 강하다고 느낍니다

"어떻게 사람을 이렇게까지 사랑할 수 있을까?"

그들의 마음은 말 그대로 사랑으로 가득 차고 행복으로 가득 차고 기쁨으로 가득 찹니다. 그러나 문제는 이러한 감정이 영

원히 지속되지는 않는다는 것입니다. 어느 시점에 이르면 처음에 가졌던 가슴 설레임이나 강한 그리움은 사라지고 투정과 질투, 때로는 미움만이 그 자리를 차지합니다. 이루어지지 않은 사랑은 역시 가슴 아프고 아름답게까지 느껴집니다. 지금까지 듣고 본 사랑의 대부분이 여기에 속하며, 많은 젊은이들을 울린 사랑의 주제는 역시 이별입니다.

더구나 사랑하는 사람 중에서 누가 죽기라도 하면 그 사랑은 정말 아름다운 사랑으로 남습니다. 자신도 저런 사랑을 하고 싶다고 생각하며 언젠가는 그런 사랑이 반드시 올 것이라고 기대합니다. 사랑하는 사람이 죽기를 기대하는 것은 아닌지…….

그러나 이별은 이별일 뿐, 시간이 만병통치약입니다. 때로는 시련을 못 이겨 자살을 하는 못난이도 있고, 다시는 사랑하지 못할 것 같이 울며 떠들다가 새로운 사람을 만나면 언제 그랬냐며 시치미를 떼는 사람도 있습니다. 그래서 사람들은 '이 세상에 과연 사랑이 있을까?' 하는 의문을 가지게 되나 봅니다.

이 세상에 사랑은 존재하지 않는다는 것도 알아야 합니다. 적어도 우리가 기대하는 사랑은 존재하지 않거나 일시적으로 왔다가 갈 뿐이라는 것을 알아야 합니다.

사랑에 대한 기대가 너무 크기 때문에 실망도 클 수 있습니다. 사랑이라는 것이 항상 가슴 터질 것 같이 설레이는 것으로 착각하고 있기 때문에 이것이 사라지면 사랑도 식어버렸다고 생각하는 것이 문제입니다.

  남녀가 처음 만나서 사랑을 하면 상대방 앞에선 긴장을 하게 되고 가슴이 뛸 것입니다. 그러나 시간이 지날수록 이러한 면들은 사라지고 그 자리에 남는 것은 상대방에 대한 편안함입니다. 가장 힘들고 외로울 때 함께 할 수 있는 의심의 여지가 없는 사람이 되어 가는 것입니다.

이러한 과정들을 인정하지 못하고 처음에 가졌던 느낌들이 영원히 지속되기를 바라거나 또 그러한 감정들이 사라지면 사랑도 사라진 것으로 받아들이는 것은 사랑이라는 환상에서 벗어나지 못함을 의미합니다.

이루어지지 않은 사랑이 아름다운 것은 두 사람의 감정이 가장 절정에 다다랐을 때 이별을 했기 때문입니다. 당사자도 그 순간의 감정이 사랑이라고 믿으며 이러한 감정이 영원히 지속될 것이라고 느끼기 때문에 더욱 슬프고, 지켜보는 사람도 두 사람은 영원히 이 순간처럼 사랑하면서 살았을 것이라고 믿기 때문에 아름답게 봅니다.

그러나 결혼을 하고 한 10년 쯤 살다가 헤어지는 사람들을 보면서 눈물을 흘리지는 않습니다. 이들에게는 사랑이 없다고 생각해서인지 아니면 사랑이 많이 퇴색했다고 보는 것인지……

언젠가 신문 칼럼에서 이런 글을 읽은 적이 있습니다.「사랑이라는 것이 애오라지 성욕에 지나지 않는 건지도 모르겠다. 남녀간의 사랑이라는 것에서 성욕을 제외하고도 무언가 분명히 남는 게 있을 것 같은데 그것을 설명한다는 것이 영 쉽지가 않다. 따라서 젊은 사람들한테 빨리 그걸 정직하게 알려 주어야 할 것 같다.

왜냐하면 아직도 많은 젊은이들이 사랑이라는 걸 믿고 그것 때문에 아파하면서도 그걸 찾고 있고, 애초부터 보물따윈 없음에도 아이들에게 보물찾기를 시키는 것과 다를 바 없기 때문이다.」

 사랑을 단순히 성욕 정도로 말할 수는 없습니다. 사랑하는 사람을 만났을 때 잠시 느꼈던 가슴 설레임이나 헤어진 후 다가오는 아픔을 사랑이라고 믿는다면 그런 사랑은 없거나 순간적일 뿐입니다.

 두 사람이 만나서 많은 시간을 함께 지내다보면 상대방에 대해 익숙해진 나머지 곁에 있는 것도 못 느낍니다. 그러나 막상 그 사람이 곁에 없다고 상상해 보십시오. 그 때 바로 그 사람의 가치를 깨닫지 못한다면 진정한 사랑은 없다고 말할 수 있습니다.

 눈을 감고 생각해 보십시오. 자신이 꿈꾸고 기대하는 사랑이 어떤 것인지, 그리고 그 상대가 어떤 사람이기를 기대하고 있는지 생각해 보십시오.

 허탈할 수도 있지만 그런 사랑과 그런 사랑을 해 줄 사람이 없다는 것도 알아야 합니다. 그래야 오래 오래 사랑하며 살 수 있습니다.

그 사람을 사로잡는 법 18

이벤트를 만들자

사랑이라는 식탁에도 가끔씩 신선한 메뉴가 필요합니다

사랑하는 사람과 함께 있는 것은 즐거운 일입니다. 카페에서 커피 한 잔만 달랑 시켜 놓고 몇 시간을 앉아 있어도 지루하지 않습니다. 했던 말을 하고 또 해도 그 때마다 마치 처음 듣는 이야기처럼 즐겁게 웃을 수도 있습니다.

 그러나 이러한 일상적인 시간이 지속될 때 두 사람 사이에 지루함이 파고들 수 있습니다. 더구나 항상 반복되는 데이트의 메뉴에 싫증이 날 때 쯤이면 뭔가 특별한 것을 찾습니다.
 권태라는 것이 반드시 결혼을 한 사람들에게만 찾아오는 것은 아닙니다. 지루한 시간의 반복, 똑같은 데이트 코스들, 너무 많은 것을 알고 나니 더 이상 물어 볼 것도 없고 해 줄 말도 없

을 때, 연애 기간동안이라도 권태를 느낄 수 있습니다.

　남자와 여자가 만나서 가까워질수록 침묵이 자연스러워진다고 했습니다. 그러나 침묵이 길어지면 두 사람 사이에 그 침묵을 깨버릴 무언가가 필요합니다. 이럴 때 특별한 이벤트를 마련해 보는 것이 좋습니다. 근사하고 대단할 것까지는 필요 없습니다. 일상적인 데이트에 신선한 파장을 일으킬 수 있을 정도라면 그 가치는 충분합니다.

　저도 데이트 할 때 항상 고민을 합니다. 어떤 특별한 것을 생각하려고 노력하지만 결과는 저녁을 먹거나 영화를 보거나 가끔씩 술 한 잔을 하는 것이 고작입니다. 그나마 다행인 것은 항상 새로운 영화들이 쏟아져 나온다는 것입니다. 만약에 항상 같은 영화가 상영된다면 아마도 데이트 메뉴가 반 정도로 줄어들지 않을까 걱정됩니다. 그만큼 고민도 두 배가 되겠지요.

　일상적으로 반복되는 데이트가 주는 무료함을 물리치기 위해서 가끔씩 특별한 이벤트를 마련해 사랑하는 사람을 감동시키는 일은 중요합니다. 사랑하는 사람을 위해서 어떤 일을 꾸민다는 것은 준비하는 사람에게도 즐겁고 받는 사람에게도 즐거운 일입니다.

　나도 이러한 일을 시도해 본 적이 있습니다. 토요일 오후에 점심이나 한끼 하자며 그녀를 만났습니다. 그러나 나는 그녀를 위해서 특별한 데이트를 마련하고 있었습니다. 말로만 듣던 가

을 바다를 그녀에게 선물한 것입니다. 강릉까지 꼬박 4시간을 운전하고 가서 본 가을 바다는 그녀를 감동시키기에 충분했습니다.

밤길을 달려올 때 대관령에서 불어오는 서늘한 가을 바람을 남들보다 먼저 느끼는 것도 그녀를 감동시키기에 충분했습니다. 예상하지 못한 상태에서 본 가을 바다와 서울에서는 아직 느낄 수 없는 이른 가을 바람은 분명 색다른 경험이었습니다.

예상하지 못했던 이벤트를 만들어 상대방을 감동시키는 일은 두 사람에게 신선함을 줄 수 있어 좋습니다.

그녀도 나에게 고마움을 느끼고 있음을 알 수 있었습니다.

그녀를 위해서 하루에 8시간을 운전한 나의 성의에 더욱 사랑을 느낄 수 있었을 것입니다. 무료한 일상에서 깜짝 쇼는 이렇게 두 사람 사이에 활력소가 될 수 있습니다.

  작은 일이라도 좋습니다. 가끔씩 사랑하는 사람을 놀라게 할 이벤트를 만들어 보십시오. 매번 반복되는 데이트 메뉴에 오늘의 특별 요리를 준비하십시오. 사랑은 서로를 위하는 마음이 있어야 오랫동안 지속되며 서로를 사랑하는 마음은 그 사람을 위해서 무언가 준비했을 때 느낄 수 있습니다.

  매일 먹는 식단에 특별 요리가 올라올 때 신선한 충격을 받는 것과 같이 사랑에도 가끔씩 이런 신선한 충격이 필요합니다.

그 사람을 사로잡는 법 19

꽃보다는 키스가 효과적이다

사랑을 성취하기 위해 때로는 도발적인 행동이 필요합니다

이 글을 읽는 독자가 남자라면 관심을 가져도 좋습니다.

여자는 꽃보다는 키스에 약합니다. 맞아 죽을 소리라구요? 그래도 사실입니다.

그녀를 사랑하고 있는데 그녀의 마음이 확실치 않아서 좀 더 과감한 구애를 하고 싶다면 꽃보다는 키스가 더 확실합니다. 그녀에게 꽃을 선물한다면 무척 기뻐할 것이고 집으로 돌아가서는 선물받은 꽃을 보며 흐뭇한 표정을 지을 것입니다.

그러나 그녀가 기뻐하는 것은 자신의 방에 예쁜 꽃이 있다는 사실이지 그 꽃을 준 남자를 생각하며 기뻐할 가능성은 적습니다. 물론 그 꽃을 선물한 남자를 그녀가 이미 사랑하고 있다면 문제가 다르겠지만 그것이 아니라면 꽃보다는 키스로 그녀의 마음을 잡아 보십시오.

그녀에게 키스를 하다가 그 자리에서 뺨을 맞더라도 그녀의 가슴을 뛰게 만들 수는 있습니다. 그녀는 자신에게 키스를 한 남자에 대한 여운을 가지게 될 것이고 그 여운은 쉽게 사라지지 않을 것입니다.

그렇다고 무조건 사랑을 얻기 위해서 키스부터 하라는 것은 아닙니다. 이러한 키스도 허용이 될 때 가능합니다. 즉, 두 사람의 사이가 어느 정도 가까워졌을 때를 말합니다. 단지 그 마음이 아직 완전하지 못해서 망설이고 있다면 키스로 그 마음에 큰 파동을 줄 수 있습니다.

혹, 이 글을 읽고 키스를 남용하지는 마십시오. 키스하면 사랑도 얻는다고 오해하고 키스부터 하려다가 폭행범으로 몰리는 일은 없어야 할 것입니다. 자신이 그녀를 사랑하는 마음은 있는데 그녀의 마음을 결정적으로 흔들어 놓고 싶을 때, 꽃보다는 키스가 더 효과를 발휘할 수 있다는 말입니다.

가장 좋은 건 그녀로부터 동의를 얻는 것이지만, 키스할 것을 사전에 예고하는 경우는 드뭅니다. 오히려 분위기만 더 어색해질 뿐입니다. 자신이 생각하기에 적당한 때라고 느껴지면 망설이지 말라는 것입니다.

그럼 어느 정도가 적당할 것 같습니까? 그저 가볍게 입술을 적시는 정도가 좋을 것 같습니다. 그리고 그녀의 표정을 보십시오. 만약 그녀의 눈빛에 불쾌함이 없다면 한 번 정도 다시 하는 것도 좋을 것 같습니다.

이번에는 조금 더 깊게 하는 편이 그녀를 더욱 동요시킬 수 있을 것입니다. 사람의 마음을 흔들어 놓는데 키스가 효과적이다라는 것이 남자의 이야기만은 아닙니다. 여자도 마찬가지입니다.

저 남자와 꼭 사랑을 해야겠다는 생각이 있으면 여자도 적극적이고 때로는 도발적인 행동을 할 수 있습니다.

우리에게는 아직도 사랑은 남자가 리드해야 한다는 사고가 강합니다. 여자는 그저 남자가 다가와 주기만을 기다려야 한다고 생각하나 봅니다. 그러나 반드시 그럴 필요는 없습니다.

여자도 자신의 사랑을 표현하고 적극적인 방법을 동원해야 할 필요를 느낄 때 그렇게 해야합니다. 자신이 사랑하는 남자의 마음을 흔들기 위해서 자신이 먼저 그 남자에게 키스를 할 수도 있습니다.

키스보다 더한 걸 해서는 안된다는 법도 없습니다. 그러나 자신의 용기로써 키스까지는 어렵다면 가벼운 스킨십을 자주 이용하는 것도 좋은 방법입니다.

두 사람이 걸을 때, 그 남자의 팔을 잡는 다던가, 뒤에서 그 남자의 목을 감싸는 정도의 스킨십은 남자에게 좋은 느낌을 줄 수 있습니다.

저도 걸어가고 있을 때, 그녀가 내 목에 두 팔을 감고서 매달릴 때면 웬지 기분이 좋았습니다. 물론 내가 그녀를 사랑하기 때문에 그 느낌이 더욱 좋았을 것입니다. 그러나 대체로 남자는 여자와 스킨십이 있을 때 좋은 느낌을 가집니다.

키스 정도가 아니더라도 자주 스치는 스킨십을 이용하십시오. 여자도 적극적일 때는 그럴 수 있어야 합니다. 키스나 스킨십이 남자들의 전유물은 아닙니다. 여자도 그러한 행동을 할 수 있습니다.

스킨십이 있었는데 두 사람 사이의 사랑이 깨진다면 여자가 손해 보는 것 아니냐는 말을 들은 적이 있습니다. 사랑에 손해 보고 덕보는 것은 없습니다.

스킨십에도 누구는 손해를 누구는 덕보는 일은 없습니다. 남자와 여자가 만나서 사랑을 싹트게 만드는데 스킨십은 결정적 역할을 할 수 있습니다. 따라서 남자든 여자든 상대방의 마음을 흔들어 놓는데 필요하다면 얼마든지 스킨십을 해야합니다.

사람의 마음은 똑같습니다. 남자라고 해서 여자와 특별히 다를 것이 없습니다. 꽃을 준 남자보다 키스를 한 남자에게 더 여운이 남듯이 남자도 자신과 스킨십이 있었던 여자에게 더 여운이 남습니다.

사랑을 성취하기 위해서 때로는 도발적인 행동이 필요할 수 있습니다. 바로 지금이 그럴 때라면 주저하지 마십시오.

그 사람을 사로잡는 법 20

로맨스를 만들자

사랑은 제 정신을 가지고 할 수 없는 것입니다

"당신 없는 세상은 물 없는 오아시스와 같습니다."
"당신을 위해서라면 저 하늘의 달도 따 오겠습니다."
"나는 당신의 영원한 그림자가 되고 싶습니다."
이러한 말을 들으면 온몸에 소름이 돋고 유치의 극을 달리고 있는 것 같습니다. 그러나 만약 당신이 사랑하는 사람으로부터 이런 말을 듣는다면 그것만큼 로맨틱한 말도 없을 것입니다.

사랑은 많은 것을 바꾸어 놓습니다. 다른 사람에게 유치한 발상도 당사자에게는 로맨스가 될 수 있도록 만드는 힘이 사랑입니다.

그렇다면 때로는 유치한 방법을 동원해서 사랑하는 사람을 감동시켜 보십시오. 사랑에 성공하려면 그 사람을 감동시키는 것이 중요합니다. 그 방법이 비록 남들이 보기에는 유치한 발상으로 보일지라도 당사자에겐 큰 감동이 될 수도 있습니다. 일반적으로 사람들은 유치하다고 생각되는 행동을 꺼립니다. 자신이 생각하기에도 부끄러운 짓 같고 혹 상대방이 자신을 비웃지 않을까 망설입니다. 하지만 그것은 두고 봐야 될 일이고, 일은 벌리고 봐야 합니다. 결과는 그 후에 결정되기 때문입니다.

친구 중에 한 녀석은 이런 의미에 있어 성공한 경우입니다. 그 친구는 자기가 사랑하는 여자로부터 사랑을 얻어내기 위해서 기발한 생각을 했습니다.

그녀의 생일날 전혀 예상하지 못한 선물을 한 것입니다. 생일날 장미꽃 100송이를 선물한다는 것은 들어 보았어도 우유를 100통씩이나 선물했다면 믿겠습니까?

친구는 이런 엉뚱한 일을 벌였습니다. 사랑하는 그녀에게 우유 100통을 선물한 것입니다. 그 친구는 우유를 배달하는 분께 그냥 전달만 할 것이 아니라 그녀의 집에 가서 배달된 우유를 반드시 욕탕에 다 부어 달라고 부탁했습니다. 그는 그녀에게 우유 속에서 목욕할 수 있는 기회를 선물한 것입니다.

그리고 친구는 그녀에게 전화를 걸어 기타를 치며 노래를 불러 주었다고 합니다. 하얀 우유로 가득 찬 욕탕에 몸을 담그고 전화속에서 들려오는 노래를 듣고서 감동하지 않을 사람은 없습니다.

어떤 발상이든 유치하다는 생각은 버리십시오. 당사자에겐 로맨스가 될 수 있습니다.

언젠가 그 친구의 애인에게 친구의 어떤 면이 그렇게 마음에 들었냐는 실없는 질문을 한 적이 있습니다. 그녀는 이 사람만큼 자신에게 잘 해 줄 사람은 없을 것 같아서 넘어 갔다고 했습니다. 물론 그녀의 마음에 사랑이 있기 때문이겠지만 어쨌든 친구의 유치한 발상이 큰 효과를 발휘한 것만은 틀림이 없는 것 같습니다.

사랑은 제정신을 가지고 할 수 없는 것입니다. 괜히 히죽거리며 사람을 실없이 만드는 것이 사랑입니다. 그러다 보니까 사랑에 빠진 사람은 유치해질 수도 있고, 그런 일들을 서슴없이 하기도 합니다. 사랑하는 사람을 위해서 유치한 일들을 벌인다고 욕할 사람은 아무도 없습니다. 어떨 때는 놀리기도 하지만 은근히 부러움을 받는 것이 바로 사랑과 관련된 유치한 행동입니다.

알고 보면 사랑도 생각 외로 쉽게 다가올 수 있습니다. 자신을 위해서 무엇인가를 하려고 애쓰는 모습을 보고 사랑을 느낄 가능성은 큽니다. 더군다나 부끄러움을 감수하고 유치한 일들을 벌일 때는 그 만큼 사랑이 강하다는 것을 증명하게 됩니다.

자, 그렇다면 이제 사랑하는 사람을 위해서 유치한 일들을 계획해 보십시오.

그녀의 집 앞에서 큰 소리로 노래를 불러주는 것은 어떻습니까? 사랑의 세레나데까지는 못 되더라도 그녀에게 사랑을 전할 수 있는 노래를 불러 보십시오. 쉽게 할 수 없는 일이기 때문에 더 큰 감동을 줄 수 있습니다.

사랑하는 사람에게 낭만이 가득 찬 편지를 보내 보는 것은 어떻습니까? 평범한 것이 싫다면 노트 한 권 분량의 편지를 써 보십시오. 노트에는 그 사람을 처음 만나서 사랑하게 되고 같이 보낸 시간들에 대한 이야기들을 적어 보는 것도 좋습니다. 그리고 그 때의 느낌들을 같이 적는 것도 좋습니다.

사랑을 고백하는 말들을 녹음 테이프 하나 가득 채워 보내는 것은 어떻습니까? 중간 중간 못 부르는 노래라도 삽입하면 좋을 것입니다.

사랑하는 사람을 위해서 한 권의 시집을 만들어 보는 것은 어떻습니까? 시집들을 뒤져서 좋은 말들은 다 끌어다 붙여도 좋습니다. 문학성 따위는 상관할 필요가 없습니다. 당사자에게는 최대의 문학 작품으로 받아들여질 것입니다.

이런 모든 행동들은 정신이 멀쩡한(?) 사람들에게 유치한 발상으로 보일 수 있습니다. 반면에 이런 모든 행동들이 사랑하는 사람에게는 로맨스가 될 수 있습니다. 그렇기 때문에 사람은 사랑을 하려고 하는지 모릅니다.

사랑하는 사람에게만은 로맨티스트가 되십시오. 다른 사람의 눈치를 볼 필요는 없습니다.

 어떻습니까? 남들이 뭐라고 한들 사랑하는 당사자에게 로맨스를 줄 수 있다면 그것으로 충분하지 않습니까?

 누구를 감동시키려는 노력도 없이 그저 감동 받으려고만 한다면 꽤 오랫동안 혼자라는 쓸쓸함을 맛보아야할 지 모릅니다.

 그것이 싫다면 사랑하는 사람을 감동시키기 위해서 약간은 유치하더라도 행동으로 옮겨 보십시오.

 다시 한번 말하지만 사랑은 유치함과 떨어질 수 없는 관계라는 사실을 잊지 말기 바랍니다.

그 사람을 사로잡는 법 21

거리로 나가자

거리로 뛰쳐 나갈 수 있을 정도의 용기가 필요합니다

길을 가다 보면 괜찮게 느껴지는 사람을 자주 볼 수 있는데 자신의 주위에는 한 사람도 없는 것 같습니다. 손을 잡고 다정하게 걷고 있는 연인들을 보면 저 사람들은 도대체 어디서 어떻게 만났는지 궁금할 때가 많습니다.

 자신에게는 그런 기회가 한 번도 없었던 것 같이 느껴지고 심지어는 세상이 참 불공평하다는 생각까지 듭니다. 사람을 소개시켜 주겠다고 해서 모처럼 마음먹고 나갔지만 품고 있던 기대는 순식간에 깨어지기 일쑤입니다.

 남자와 여자가 만난다는 것은 참 어려울 수 있습니다. 더구나 두 사람이 사랑하게 되는 것은 더욱 어려워 보입니다. 나중에는 누구나 자신의 짝을 만나고 사랑하고 결혼하겠지만 그 전까지는 외로운 솔로로서 그런 사람들을 부러워해야만 합니다. 사랑도 그 대상이 있어야 가능하기 때문에 주위에 사람이 많으면 사랑에 빠질 가능성도 높습니다.

 자신이 처한 환경이 많은 이성을 만날 수 있는 여건이라면 그래도 다른 사람들에 비해서 유리한 위치에 있다고 할 수 있습니다. 그만큼 사랑할 사람을 만날 가능성이 높기 때문입니다. 그러나 주위를 아무리 둘러 봐도 사랑하고는 거리가 먼 사람들밖에 없다면 그런 사람을 찾아 나서는 것도 좋은 방법입니다.

 마땅히 갈 만한 곳이 없으면 거리로 나서십시오. 토요일 오

후 쯤 대학로로 나가서 길가는 사람 중에 마음에 드는 사람을 찾아 보십시오. 그런 사람이 있다면 이야기를 건네는 용기도 발휘해 보십시오.

사랑하는 연인들 중에서 의외로 이렇게 만난 사람들이 많다는 것을 알고 있습니까?

대학 시절에 한 후배의 과감한 행동에 놀란 적이 있습니다.

나는 후배랑 학교 앞 벤치에 앉아 강의 중간에 남은 자투리 시간을 때우고 있었습니다. 이런 저런 이야기를 하며 지루한 시간을 보내고 있었는데 갑자기 후배가 교문을 향해 달리기 시작했습니다.

나는 영문도 모르고 무턱대고 그 후배를 따라 갔는데 교문에 이르자 후배는 웬 여학생에게 말을 거는 것이었습니다. 나는 잘 아는 사람이고 오랜만에 만났기 때문에 반가워서 그렇게 달려 갔나 보다 생각하고, 멀찍감치 떨어져서 그 후배가 이야기를 끝낼 때까지 기다렸습니다.

몇 마디 주고 받더니 후배는 가볍게 인사를 하고 돌아와서는 내게 묻는 것이었습니다.

"형, 저 애 괜찮지?"

"응, 잘 아는 사람이니?"

"아니, 처음 봤어."

"!"

어이가 없었습니다.

그 후에 후배가 그 여자와 같이 다니는 것을 몇 번 볼 수 있었습니다.

어떻게 하든 인연을 만들어야 사랑도 가능한 것 입니다. 자, 거리로 나가서 마음에 드는 사람을 찾아 다짜고짜 말을 걸어 보십시오. 거리로 나간 덕분에 예상 외로 더 좋은 사람을 만날 수도 있습니다. 그럴 용기가 없다면 언제까지나 사랑이 오기만을 기다릴 수밖에 없습니다.

미인을 애인으로 두고 있는 남자들의 이야기를 들어 보면 대체로 우연히 만난 경우는 드뭅니다. 전혀 만날 가능성이 희박한 상황이었는데 당사자의 적극성에 의해서 이루어진 경우가 많기 때문입니다.

어떻게 보면 자신이 원하는 사람을 우연히 만나길 기다리는 것보다는 거리로 뛰어 나가서 마음에 드는 사람을 찾는 것이 더 빠를 수도 있습니다. 물론 그 때의 기준이라는 것이 고작 외모에 준하겠지만 알고 보면 그 사람의 모든 품성은 외모에 나타나게 마련입니다.

혹시 상대방도 누군가 다가와 주기를 기대하고 있을 지 어떻게 알겠습니까? 처음에 다가가는 것이 어렵지 한 번 이야기가 오가면 예상 외로 잘 풀릴 수도 있습니다.

어떨 땐 인연이 자신의 옆으로 지나쳐 가도 모를 수 있고, 심지어 그 인연을 알면서도 망설이다 놓치는 수도 있습니다. 적어도 거리로 뛰어 나가서 말을 건넬 수 있는 용기라면 자신 앞에 놓인 인연을 놓치지는 않을 것입니다.

누구나 자신을 설레게 하는 사람을 만나기를 원합니다. 그래서 미팅도 하고 소개팅도 하고 심지어 선까지 보지만 그런 사람을 만나기란 그리 쉽지만은 않습니다.

그렇다면 그런 우연을 기다리기보다는 거리로 뛰어 나가서 내가 원하는 사람을 찾아 보는 것이 더 현명할 수 있습니다. 그리고 그런 사람을 찾게 되면 수단과 방법을 가리지 않고 인연을 만들려는 시도를 해볼 필요가 있습니다.

실패한다 하더라도 창피하다는 생각은 버리십시오. 주위에 사랑에 빠진 사람과 이야기를 하다보면 그냥 스치고 지날 수도 있는 상황에서 만난 사람들이 생각 이상으로 많다는 사실이 이를 증명하고 있습니다.

인연은 만들려고 하는 사람에게 더 빨리 다가온다고 했습니다. 그렇다면 결론은 나왔습니다. 거리로 뛰쳐 나갈 수 있는 용기가 필요하지 않겠습니까?

그 사람을 사로잡는 법 22

편안함을 만들어 긴장을 없애자

사람은 마음이 열려 있을 때 사랑을 느낄 수 있습니다

누군가를 만나고 가까워지면 두 사람 사이에서 침묵이 자연스러워집니다. 아무런 말을 하지 않고 앉아 있어도 전혀 어색함이 없습니다.

커피잔을 손가락으로 돌리기도 하고, 먼 산을 쳐다보다가 할 말이 생각날 때 몇 마디를 주고 받고는 또 침묵이 흘러도 그렇게 신경이 쓰이지 않습니다.

그러나 처음 사람을 만나면 침묵만큼 곤혹스러운 것도 없습니다.

할 말이 없어서 어색해진 침묵을 깨는 일은 부단한 고통의 연속입니다. 일시적인 침묵 조차도 어색합니다. 말하고 있으면서도, 한편으로는 다음에 말할 화제거리를 찾으려 이리저리 머리를 굴립니다.

처음 만난 사람에게 편안함을 만들어 주는 일은 참으로 어려운 듯 합니다. 특히 남자와 여자의 만남에서 편안함을 찾기란 더더욱 어려운 일입니다. 서로 긴장하고 있기 때문이며 서로 좋은 모습을 보이려고 필요 이상으로 신경쓰기 때문입니다.

이런 긴장되고 어색한 분위기를 바꾸기 위해 다음과 같은 시도를 해 보십시오. 분명 도움이 될 것입니다.

첫째, 우선 자신이 상대방을 편하게 생각한다는 것을 보여주어야 합니다.

크게 숨을 들이켜 보십시오. 그리고 앞에 앉아 있는 사람은 매우 편안한 사람이라고 자신에게 말해 보십시오. 그러면 자신에게서 먼저 부담이 사라질 것입니다. 처음 만난 사람이 왠지 자신보다 나은 것 같이 생각되면 더 긴장할 수 있습니다. 자신이 긴장하고 있는 모습을 보여 줘서 득이 될 건 없습니다.

그럴 땐 이렇게 생각하십시오.

"저 사람도 나와 별 다를 것이 없어……."

사람은 말을 할 때 그 상태가 드러나는 법입니다.

긴장된 상태에서 하는 말에는 어색함이 드러나고 긴장을 풀고 하는 말에는 편안함이 드러납니다. 자신이 먼저 상대방을 편하게 생각해야지 상대방도 나를 편한 사람으로 인식할 것입니다. 남자와 여자가 처음 만나고 가까워지는 데는 편안함이 큰 힘을 발휘한다는 것을 잊지 마십시오.

일단 친해져야 그 사람을 다시 만날 수 있고 사랑을 할 수도 있습니다. 따라서 처음 만난 자리에서 편안함을 제공하고 상대방의 긴장을 풀어주는 것은 대단히 중요하다고 말할 수 있습니다. 반대로 처음 만났기 때문에 너무 예의를 갖추려는 모습은 역효과를 만들 수 있습니다.

둘째, 약간은 가벼운 말투가 좋을 수 있습니다.

상대방의 기분이 상하지 않을 정도의 농담과 말투가 예의를 갖추고 실례를 범하지 않으려고 안절부절하는 모습보다 나을 수 있습니다.

처음 만났을 때는 약간의 무게가 있어야 된다고 생각하면 오산입니다. 그렇게 해야 자신이 돋보일 것이라고 생각한다면 상대방에게 부담만 증가시킬 뿐입니다. 별로 웃기지도 않는데 실없이 허허거리는 것도 문제이지만 너무 정중하려는 태도도 문제가 될 수 있습니다.

셋째, 두세 번째 만남에서 될 수 있는 한 빨리 말을 놓는 것도 좋습니다. 남녀 사이라면 구태여 나이를 따질 필요는 없습니다.

말끝마다 존칭을 붙이는 것보다는 자연스럽게 이름을 부르고 말을 놓는 것이 두 사람을 더 빨리 친해지게 합니다. 말끝마다 존칭을 붙여 말해야 상대방을 존중해 주는 것은 아닙니다. 물론 상대방에게도 그런 식의 존

중을 받아야겠다는 마음은 전혀 없을 것입니다. 상대방을 존중하는 마음은 그 사람의 모든 면에서 드러나게 마련입니다.

넷째, 자신의 개인적인 이야기를 많이 해 주는 것도 한 방법입니다.

형식적이고 틀에 박힌 말들을 주고 받는 것보다 자신의 사적인 일상들을 들려 주게 되면 빠른 시간 안에 친해질 수 있습니다. 한 달 동안의 시간으로도 마치 아주 오래 전부터 알고 지내온 사람처럼 느껴지게 만들 수 있습니다. 내가 먼저 사적인 일상들에 대해서 많은 이야기를 하다 보면 자연스럽게 상대방도 자신에 대해서 많은 이야기를 털어놓을 것입니다.

다섯째, 자신이 가지고 있는 비전을 보여 주는 것도 좋습니다.

앞으로 자신이 계획하고 있는 일들에 대한 이야기를 들려주면 상대방은 자신에 대해서 많은 것을 알고 있다고 느끼게 됩니다. 그만큼 가까워질 수 있습니다.

상대방에게 편안함을 제공한다는 것은 어려운 일이 아닙니다. 위에서 소개한 방법들만으로도 충분한 효과는 볼 수 있을 것입니다. 자신이 먼저 상대방을 편하게 생각하고 매너를 잃지 않으려고 애쓰는 어색함을 버리며, 자신에 대한 많은 이야기를 들려주는 것으로 그 사람에게 내가 어려운 사람이 아님을 보여 줄 수 있습니다.

어느 순간에 처음 만난 사람이 아주 오래 전부터 알고 지내 온 것 같은 느낌을 줄 수 있습니다. 편안함을 만들어 긴장을 풀어주면 상대방도 나에게 마음을 열 것이고, 두 사람의 마음이 열릴 때 사랑을 느낄 수도 있을 것입니다.

그 사람을 사로잡는 법 23

야한 농담으로 분위기를 잡자

조금은 주책없고 어설퍼 보이는 것도 나쁘지 않습니다

임신을 한 여자가 길을 가다가 다 탄 붕어빵이랑 총 맞은 총잡이가 서로 끌어 안고서 꺼이꺼이 울고 있는 것을 보았습니다.

임신한 여자는 궁금해서 그들에게 다가갔습니다. 잠시 후, 이번에는 임신한 여자도 합세해서 같이 껴안고 우는 것입니다.

지나가던 할아버지가 또 이 광경을 보고 물었습니다.

"왜 그렇게 서럽게 울고 있소?"

할아버지의 질문에 셋은 울음을 멈추고 동시에 대답했습니다.

"알고 보니 우리의 처지가 똑같아서요."

"그게 무슨 말이요? 처지가 어떠하단 말이요?"

"우리가 지금 요 모양 요 꼴이 된 게 다 늦게 뺀 탓 아니겠습니까?"

"얘는 총을 늦게 빼서 그렇고……."

"얘도 늦게 빼서 다 탄 붕어빵 신세가 되었고……."

"여기 아가씨도 늦게 빼는 바람에……."

이처럼 섹스와 관련된 이야기를 한두 번 쯤은 들어 보았을 것입니다. 섹스와 관련된 이야기만큼 사람들의 관심을 끄는 것도 없기에 우리는 곳곳에서 섹스와 관련된 야한 이야기를 접할 수 있습니다.

영화 '퐁네프의 다리'에서도 섹스와 관련된 이야기가 나옵니다. 술집에서 두 남자가 섹스에 대한 이야기를 하고 있었습니다. 두 남자는 섹스를 좀더 자주 못하는 것이 불만이었나 봅니다.

한 남자가 물었습니다.

"자네는 얼마나 자주 섹스를 즐기는가?"

"난 일주일에 한 번 정도라네. 자네는 어떤가?"

"그래도 자네는 나보다 낫군. 난 겨우 한 달에 한 번이라네."

두 남자의 이야기를 들으면서 옆에 미소를 짓고 있는 한 남자가 있었습니다.

두 남자는 웃고 있는 남자에게 물었습니다.

"당신은 도대체 얼마나 자주 하기에 그렇게 웃고 있는 거요?"

"난 일 년에 한 번 밖에 못 한답니다."

두 남자는 어이가 없다는 듯이 물었습니다.

"그런데 뭐가 좋아서 그렇게 웃고 있소?"

그 남자가 대답했습니다.

"오늘이 바로 그 날입니다."

우리에게 많이 알려진 영화에서도 이러한 농담들을 접할 수 있는 것은 섹스만큼 사람의 귀를 붙잡는 유머가 없기 때문입니다.

그렇다면 섹스와 관련된 야한 농담으로 분위기를 띄워보십시오. 야한 농담을 음담패설 쯤으로 생각한다면 지금부터 생각을 바꾸어 보십시오. 야한 이야기들은 생활의 일부이며, 우리들은 야한 이야기들을 통해서 억제된 성에 대한 욕구들을 간접적으로 표출합니다.

 야한 이야기는 사람들을 단순히 웃기는 것 그 이상입니다. 그것은 우리가 말하고 싶고 듣고 싶었던 숨겨놓은 이야기들이기 때문에 더 재미가 있습니다. 여자도 더 이상 성에 대해서 침묵하거나 야한 이야기에 얼굴을 붉히지 않습니다. 그래서 야한 이야기는 분위기를 띄우는데 어떠한 유머보다도 효과적입니다.

처음 만난 여자 앞에서 혹은 남자 앞에서 야한 이야기를 한다는 것이 주책없다고 생각할 수도 있습니다.

그러면 어떻습니까? 조금은 주책없고 어설퍼 보이는 것도 나쁘지 않습니다. 특히 야한 농담은 상대방에게 내가 자신과 별다를 것 없다는 면을 보여 줄 수도 있습니다. 왜냐하면 그도 평소에 나처럼 야한 이야기를 즐겨 듣거나 말할지도 모르기 때문입니다.

점잖떠는 것이 더 꼴불견일 수 있습니다. 야한 이야기를 한다고 괜히 얼굴을 붉히고 자신은 그런 이야기들과 전혀 상관없다는 듯한 표정을 짓는 사람은 정말 재미없어 보일 수 있습니다. 오히려 나도 당신과 같이 야한 것들을 즐긴다는 사실을 알리는 것이 더 친근함을 줄 수 있습니다.

그렇다고 만나자마자 야한 농담들을 늘어놓는다는 것도 우스운 일입니다. 잘못하면 음담패설만 일삼는 실없는 사람으로 비춰질 수도 있으니까요. 그러나 때로는 야한 농담으로 분위기를 바꾸어 보는 것도 나쁘지는 않습니다.

처음 만난 남녀 사이에 긴장감만 흐르고 어색함이 사라지지 않는다면 야한 농담 한 마디쯤 해 보십시오. 아마도 분위기가 달라질 것입니다. 상대방을 불쾌하게 만들 정도의 음담패설이 아니라면 상당한 수준의 유머가 될 수도 있습니다.

전혀 그럴 것 같지 않은 여자에게서 야한 이야기를 들었을 때 신선한 충격을 받은 적이 있습니다. 그녀를 대하는 나의 태도가 바뀌었습니다. 어색하고 긴장된 마음이 순식간에 사라지고 편안함과 친근함이 전해오는 것을 느낄 수 있었습니다. 아마도 단순히 웃기는 이야기를 들었더라면 그렇게까지 분위기가 일시에 바뀌지는 않았을 것입니다. 단지 예의상 웃는 어색한 웃음만 보여줄 수 있었을 것입니다.

처음 만난 자리에서 야한 이야기를 하는 그녀가 경박하다는 느낌은 전혀 없었습니다. 그것보다는 사람을 편하게 대하는 능력이 있구나 라는 느낌이 더 강했습니다.

당신도 때로는 야한 이야기로 분위기를 띄워 보십시오. 은밀한 이야기만큼 재미있는 이야기가 또 어디 있겠습니까?

그 사람을 사로잡는 법 24

상대방의 꿈을 소중하게 생각하자

꿈을 잃지 않고 사랑한다는 것은 즐거운 일입니다

우체국을 가다가 만난 그녀는 지금 내 곁에 없습니다. 자신의 꿈을 쫓아서 캐나다로 떠났습니다. 그녀는 어학 공부를 하고 있는 중이었습니다.

잠깐 한국에 들어왔다가 나를 만났고 자신의 꿈을 위해서 다시 떠났습니다. 그녀가 다시 캐나다로 떠나기 전 15일 간은 서로에 대한 사랑을 확인하는 데 충분한 시간이었습니다.

지금 그녀는 캐나다 어디선가 자신의 꿈을 위한 나날을 보내고 있을 것입니다. 나는 그녀의 주소도 연락처도 모릅니다. 그것은 그녀도 마찬가지입니다. 그녀가 캐나다로 떠난 후 얼마되지 않아 나도 이사를 했기 때문입니다.

예상치 못한 사정이 생겨 급히 오피스텔을 옮겼고 전화 번호도 바뀌어서 그녀가 내게 연락할 방법이 없습니다. 이제 그녀를 만날 수 있는 방법은 어쩌다 이전의 오피스텔을 잠깐 들러 그녀로부터 온 편지를 건네받거나 혹은 1년 쯤 지나서 우리가 자주 만나던 아파트 앞 공원을 배회하다가 우연히 그녀를 볼 수 있을 정도일 뿐입니다.

그러나 나는 후회하지 않습니다. 우리가 서로 사랑하면서 멀리 떨어져 있는 것은 그녀에게도 나에게도 꿈이 있기 때문입니다. 내가 그녀를 보낸 것은, 내가 내 꿈을 소중히 여기듯 그녀의 꿈도 소중하다고 생각했기 때문입니다.

그녀가 떠나기 전 내 친구들은 그녀를 사랑한다면 보내지 말라는 조언을 해주었습니다. 어쩌면 그녀도 내가 끝까지 그녀를 잡았다면 가지 않았을지 모릅니다.

나에게도 그녀를 잡고 싶은 마음이 없었던 것은 아닙니다. 내 마음은 그녀에게 말하고 있었습니다.

'가지말고 그냥 내 곁에 남아있어 줘.'

그러나 나는 이런 말을 해 주었습니다.

"오히려 잘 된 것 같아! 너도 그 동안 공부할 수 있고, 나도 1년 정도는 내 일에 전념할 시간이 필요하니까……"

그리고 나는 그녀를 떠나 보냈습니다.

꿈은 소중하고, 그 소중한 꿈을 지켜가며 사랑한다는 것은 잃어 가며 사랑하는 것보다 훨씬 즐거운 일이기 때문입니다.

두 사람이 만나서 사랑을 하게 되면 대부분의 남자들이 책임감을 가지게 됩니다. 사랑하는 사람을 위해서 해야 할 일도 많고 마련해야 될 것도 많습니다.

안정된 직장을 가져야 하고 자신을 포기하고서라도 그 속에서 버티고 있어야 합니다. 자신의 꿈과 조금씩 거리가 멀어지고 있음을 느끼지만 어쩔 수 없습니다. 사랑하는 여자에 대해서 은근히 책임감을 느끼는 것이 남자이기 때문입니다.

여자들은 사랑만으로 만족하려는 경향이 있습니다.

사랑이 곧 꿈이라고 생각하기도 합니다. 사랑하는 사람을 뒤로 하고 자신의 꿈을 쫓기엔 여자의 마음은 너무 여립니다. 그러다 보니 지금까지 가져왔던 꿈들을 사랑 때문에 한 템포 쯤 미루기 쉽습니다. 그 이유는 지금의 사랑이 기쁘고 거기에 만족하기 때문입니다.

그러나 언젠가 문득 미뤄왔던 꿈들을 다시 찾으려 할 땐 이미 늦어 버린 경우가 많습니다.

그녀와 나는 그것을 잘 알고 있었던 것 같습니다.

사랑에 빠지고 그 사랑이 너무 기쁘고 만족스럽다 할지라도 서로가 가지고 있던 꿈들은 잃지 말라고 말하고 싶습니다. 그리고 그 꿈에 조금씩 다가서기 위해서 약간의 기다림의 시간을 준비해둘 필요가 있을 것입니다.

그 사람을 사로잡는 법 25

지하철표 한 장의 사랑을 전하자

차곡차곡 쌓인 사랑은 한순간에 무너질 가능성이 적습니다

사랑하는 사람에게 선물을 한다는 것은 즐거운 입니다.

조금 비싸서 부담이 될 수도 있지만 해주고 싶은 마음이 더 강합니다. 용돈을 털어서 선물을 하고는 한 달을 궁색하게 살아도 어쩔 수가 없습니다.

길을 걷다가 그녀의 눈길이 오랫동안 머무는 것이 있다면 사주고싶은 마음이 생깁니다. 아니, 무리를 해서라도 사주게 됩니다. 사랑하기 때문에 그녀를 기쁘게 해 주는 것만으로 나는 기쁘기 때문입니다.

사랑이라는 것이 그렇습니다.

능력 이상으로 발휘하고 싶은 마음을 만듭니다. 돈으로 환심을 산다는 것에 거부감이 없지는 않으나 사실이 그렇습니다. 없는 것보다는 있는 것이 더 좋습니다. 빈곤한 것보다는 풍요로운 것이 좋고 비싸면 그만한 값어치를 합니다. 그러나 오히려 작은 것에서 사랑을 느낄 수 있다는 사실도 알아 두었으면 좋겠습니다.

비싼 선물을 하는 것보다 지하철표 한 장에서 더 따뜻한 사랑을 느낄 수 있습니다.

사랑하는 사람과 좀 더 멋진 데이트를 하고 싶고 이왕이면 비싼 선물을 해주고 싶은 것이 당연합니다. 주는 사람도 생색낼 수 있어서 좋고 받는 사람도 기분 좋지 않을 이유가 없습니다. 그래서 데이트가 있는 날이면 미리 주머니를 두툼하게 채

워둡니다. 주머니가 얄팍하면 왠지 주눅이 들기 때문에 데이트가 있는 날이면 두툼하게 주머니가 채워져 있어야 안심이 됩니다.

맛있는 저녁을 먹고 영화를 보고 술도 한 잔 합니다.

여기에 드는 비용이 만만치 않지만 그 정도는 투자해야 한다고 생각합니다. 하루 동안 근사하게 데이트를 즐기고는 오늘도 그녀를 위해서 최상의 서비스라도 한 것같이 뿌듯한 마음으로 그녀를 배웅합니다.

지하철역까지 배웅을 하고 그녀가 직접 지하철 매표구에서 표를 살 동안 자신은 두세 걸음 물러나서 기다립니다. 지하철표 정도는 몇 푼 하지 않기 때문에 그다지 신경을 쓰지 않습니다. 그러나 이런 사소한 것에서 더 따뜻한 애정을 느낄 수 있다는 사실을 놓치고 있습니다.

사람은 작은 것에서 사랑을 느낄 때 더 오래 남습니다.

매표구 앞에서 동전 몇 개를 주머니에서 꺼내 자신을 위해서 지하철표를 사고 있는 남자의 뒷모습에서 따뜻함을 느끼는 것은 당연합니다.

자신의 손에 지하철표를 쥐어 주는 남자의 눈빛에서 사랑을 느끼지 않을 수 없습니다. 지하철표와 같은 작은 것을 직접 사서 건네주는 섬세함에서 상대방과 자신 사이에 네 것 내 것이 없다는 느낌을 받습니다.

비싼 선물을 사 주고 멋진 데이트를 준비하는 것보다 이러한 섬세함에서 쌓이게 되는 사랑이 더 클 수 있습니다.

알게 모르게 차곡차곡 쌓인 사랑은 한순간에 무너질 가능성이 적습니다. 이미 그 사람의 가슴 깊이 파고 들어가 있기 때문입니다.

오히려 데이트 비용은 각자 부담하더라도 지하철표 한 장과 같은 작은 것에 비용을 치르는 재치를 부려 보십시오. 그녀의 손에 쥐어 주는 작은 것에

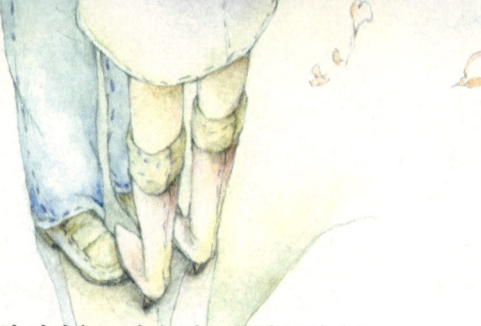

서 더욱 따뜻한 사랑을 느낄 수 있도록 해 주십시오.

사람은 예상 외로 작은 것에서 감동을 받을 때가 많습니다.

자신을 생각해 주는 섬세함에서 더 큰 사랑을 느끼는 경우가 많습니다. 작은 것에 비해 큰 것은 표시가 잘 나고 비싼 것이 생색내기에 더 좋을 수 있기 때문에 작은 것에 무관심할 수 있습니다. 그러나 이제부터 작은 것에 더 신경을 써 보십시오.

자신이 공중전화를 이용하려 할 때 누군가 주머니에서 동전 몇 개를 꺼내서 건네주면 그 사람에게 친근감을 느끼지 않습니까?

갚아야 한다는 전제가 없기때문에 그 사람의 것이 곧 내 것 같다는 동일감을 느껴 본 적이 없습니까?

몇 푼 안 되는 것이지만 그 가치는 클 수 있습니다.

사랑하는 사람에게 비싼 선물을 하는 것도 좋지만 지하철표 한 장을 직접 사서 건네주는 섬세함에 더 신경을 써 보십시오. 어쩌다가 한 번 주는 큰 감동보다는 사소한 것에서 자주 주는 작은 감동의 위력이 더 크다는 것을 잊어서는 안 됩니다.

그 사람을 사로잡는 법 26

그녀가 마시던 쥬스를 마셔 보자

사랑은 사소한 것에서 나타납니다

대학교 때 패션 카탈로그 만드는 일을 한 적이 있습니다. 카탈로그 제작 의뢰가 들어오면 스텝진을 구성하고 야외에서 촬영해야 하기 때문에 하루 종일 피곤함과 싸워야 했습니다. 그래서 촬영을 마치면 하루의 피로를 풀기 위해 매번 뒤풀이로 저녁과 술을 겸한 자리를 마련했습니다.

언젠가 카메라를 담당했던 분과 그의 아내가 우리와 함께 자리를 한 적이 있었습니다. 나는 그의 아내에게 지금의 남편과 결혼을 결심하게 된 동기가 무엇인지 물어 보았습니다. 총각인 나로서 이러한 점이 궁금하지 않을 수 없었습니다. 사실 그의 아내는 상당한 미모의 여성이었고 그에게 과분하다는 느낌이 들어서 더 그랬는지 모릅니다.

옆에서 밥을 먹던 스텝진들도 같은 생각을 하고 있었는지 나의 이러한 질문에 모두들 주의를 집중했습니다. 내심 근사하고 로맨틱한 대답을 기대했는데 그녀는 전혀 예상 밖의 대답을 해 주었습니다.

남편과 데이트를 할 때 남편은 자신이 먹다 남긴 음식을 다 먹어 치우더라는 것입니다. 이러한 남편의 모습에 반했다는 것입니다. 자신이 먹다 남긴 음식들을 거리낌 없이 먹어 치우는 남편의 모습에서 상당한 친근함을 느꼈다고 합니다.

남자와 여자가 처음 만나면서 식사를 할 땐 대체로 조심하는 편입니다. 각자 자기가 먹을 음식을 시켜 놓고 상대방의 속도에 맞춰 가며 조심스럽게 먹습니다. 음식을 시킬 때부터 긴장하는 사람도 있다고 합니다. 너무 비싼 것은 부담이 가고 그렇다고 싼 것을 시키기도 무안하다고 합니다.

음식을 시키는 것도 이런데 먹는 데에는 얼마나 신경을 쓰겠습니까? 그러나 두 사람이 가까워질수록 음식을 먹는 태도가 달라집니다.

두 종류를 시켜 놓고 나누어 먹기도 하고 한 사람이 먹던 것을 빼앗아 먹기도 합니다. 음식에도 네 것 내 것이 없어지고 상대방이 먹었다고 해서 거리낌도 갖지 않습니다. 이처럼 두 사람이 얼마나 가까운 사이인가는 음식을 먹는 모습을 보면 짐작을 할 수 있습니다.

상대방이 나에 대해서 어느 정도 호감을 갖고 있는지 알고 싶다면 그가 마시던 쥬스나 커피를 마셔 보십시오. 상대방의 것은 어떤 맛인지 궁금하다는 핑계를 대어도 좋습니다.

그가 입을 대고 먹던 빨대에 자신의 입을 대고 마셔 보십시오. 목이 말라서 꼭 마셔야겠다는 표정을 지어도 좋습니다.

내가 먹고 난 후에도 그가 아무렇지도 않게 다시 받아 먹는다면 그는 나에 대해서 거리감을 가지고 있지 않다고 보아도 좋습니다. 그리고 내가 상대방에 대해서 전혀 거리감을 갖고 있지 않다는 것도 보여 줄 수 있습니다.

내가 그에게 직접적으로 애정 표시를 못한다면 간접적으로 알리는 방법으로 그가 먹던 음식이나 쥬스를 아무렇지도 않게 먹는 모습을 보여 주는 것도 하나의 방법이 될 수 있습니다. 사람은 대체로 자신이 먹던 음식을 부담없이 먹어주는 사람에게 상당한 친분을 느낍니다.

나도 그녀가 이런 모습을 보여 주었을 때 상당한 친근감을 느꼈습니다.

그녀를 만난지 얼마되지 않았을 때 내가 마시던 캔 컨피를 아무렇지도 않게 마시는 그녀의 모습에서 그녀가 나에 대해서 전혀 거리감을 두지 않고 있다는 것을 느낄 수 있었습니다.

모파상의 「여자의 일생」에도 이런 이야기가 나옵니다. 바람둥이 남편으로 인해서 불행한 삶을 살다 간 이 소설의 여주인공이 그래도 딱 한 번 남편에게 애정을 느낀 적이 있다고 합니다.

그녀가 남편과 여행을 하고 있을 때 일입니다. 목이 말라서 흘러 나오는 물에 두 사람이 같이 입을 대고 마시기 시작했습니다. 이 때 두 사람은 자연스럽게 키스를 하는데, 남편이 자신의 입에 가득한 물을 그녀의 입속으로 넣어줄 때, 남편에 대한 애정을 느꼈다고 합니다.

음식물이란 사람의 입으로 들어가는 것이기 때문에 깔끔해야 한다는 생각이 강합니다. 좀처럼 친하지 않으면 같은 잔에 든 물도 잘 나누어 마시지 않는 사람이 많습니다. 더구나 남녀 사이에는 특별하지 않으면 같은 용기에 들어있는 음식물을 나누어 먹는 경우가 드뭅니다.

물이나 쥬스와 같은 액체형 음식은 더 그렇습니다. 그러나 사랑하는 남녀 사이에서는 이러한 룰이 깨지고 상대방이 먹던 음식을 스스럼없이 먹을 수 있습니다.

상대방의 나에 대한 마음의 정도를 측정하는 하나의 방법으로써 이런 면들을 이용해 보십시오.

음식물을 서로 나누어 먹는 일에 아무런 의미를 두지 않을 수도 있습니다. 그러나 아무런 의미가 없는 이러한 행동에서 자신들도 느끼지 못하는 친근함을 찾을 수도 있습니다. 그렇다면 사소한 일 같지만 이러한 면들을 보여 주는 것도 좋은 방법이 되지 않을까요?

그 사람을 사로잡는 법 27

매일 초콜릿을 선물하자

사랑의 시작은 성적 매력을 느끼면서 부터입니다

Valentine's day, 성 발렌타인의 축일로 사랑하는 남녀가 서로 선물을 주고 받는 날입니다.

특히, 이 날은 여자가 남자에게 사랑을 고백하는 날로 잘 알려져 있습니다. 그런데 많은 선물 가운데 하필이면 왜 초콜릿을 선물하는 것일까요?

그저 낭만적인 선물일 것 같아서만은 아닙니다. 초콜릿을 선물하는 데는 나름대로 이유가 있다고 합니다. 초콜릿에는 달콤함이 있습니다. 그러나 초콜릿을 단순히 달콤함만으로 그 맛을 표현하기에는 모자라는 부분이 있습니다. 달콤하다기보다는 감미롭다라는 표현이 더 잘 어울릴 것입니다.

즉, 달콤함과 부드러움을 함께 느낄 수 있는 것이 초콜릿입니다.

사람의 혀에 있는 미두는 성적인 신경과 직접 연결되어 있어

혀에서 전해 오는 초콜릿의 감미로운 느낌은 먹는 당사자의 성적 신경을 간접적으로 자극한다고 합니다.

이러한 현상은 초콜릿을 먹을 때, 그 맛처럼 초콜릿을 준 사람에 대해서도 좋은 느낌을 갖도록 해 준다고 합니다. 초콜릿을 먹을 때 그것을 선물한 사람이 자연스럽게 연상되기 때문이며 그 사람에 대한 느낌과 초콜릿의 감미로운 느낌이 자연스럽게 연결되기 때문입니다.

발렌타인 데이 때 여자가 남자에게 초콜릿을 선물하는 것도 사랑을 고백하는 동시에 자신에 대해서 좋은 느낌을 갖게 만들려는 것입니다. 그것은 자신의 부드러움을 간접적으로 전하는 방법이라고 볼 수 있습니다.

사랑하는 사람을 만나 맛있는 식사를 하는 것도 같은 의미에서라고 합니다. 좀더 맛있는 음식을 찾아서 먹으면, 맛있는 음식의 느낌 만큼 그 사람과 함께 있었던 시간에 대해서 좋은 느낌을 가지게 된다는 것입니다.

미각을 통해 사람의 성적 신경이 간접적으로 자극될 때, 그것도 좋은 느낌으로 자극될 때, 그 사람에 대해서 그만큼 좋은 느낌을 가지게 됩니다.

사람에 있어서 성적 반응이 혀 뿐인 것은 아닙니다. 대체로 남자는 시각에 약하고, 여자는 청각에 약하다고 합니다. 그래서 남자는 여자의 외모에 많은 관심을 갖고, 여자는 남자의 달콤한 말에 쉽게 넘어가나 봅니다.

  미각, 청각, 시각 등 사람은 자신들이 가지고 있는 감각으로 모든것을 느낍니다. 보고, 듣고, 말하는 행위의 반복 속에서 무언가 좋고 나쁜 느낌을 받습니다. 따라서 어떤 사람을 만나 호감을 얻기 위해서는 이러한 감각적인 면들을 중요하게 여길 필요가 있습니다.

  사랑하는 사람에게 자신의 아름다운 모습들을 많이 보여서 그 사람의 시각을 자극하십시오.

  사랑하는 사람들과 좋은 이야기를 많이 나누어 그 사람의 청각을 자극하십시오.

  초콜릿과 같이 달콤함과 부드러움을 선물하여 그 사람의 미각을 자극하십시오.

  초콜릿을 주는 것은 사랑하는 사람에게 단순히 선물하는 것 그이상입니다. 감미로움을 선물하는 것이고, 상대방에게 달콤함과 부드러움으로 다가서는 것입니다.

  사랑은 그렇습니다. 그 사람의 성적 감각에 자극을 주기 위해서 부단히 노력하게 만듭니다.

  섹시한 모습을 보여주고, 사랑에 대한 아름다운 이야기를 해 주고, 부드러운 키스를 해 주고, 이 모두가 성적 감각에 자극을 주는 행위들입니다.

  초콜릿 하나를 선물하는 것에도 나름대로 이러한 의미들이 담겨져 있습니다. 그만큼 사랑과 성적 감각 사이에는 떨어질 수 없는 무언가가 분명 있다는 것입니다.

사랑하는 사람의 시각을 자극하고 미각을 자극하고 청각을 자극하는 것은, 결국은 그 사람의 성적 신경을 자극하는 것입니다.

섹시한 모습과 달콤한 키스와 사랑한다는 말은, 그것을 보는 사람에게, 경험하는 사람에게, 듣는 사람에게 성적 흥분을 유도해 내는 행위들입니다.

사랑을 전달하기 위해서, 사랑의 마음이 생기게 하기 위해서, 이러한 면들을 중요시 해야 할 필요가 있습니다.

어쩌면 사랑의 시작은 그 사람에게 성적 매력을 느끼기 시작하면서 부터일지 모릅니다. 나에게 좋은 느낌으로 다가오는 사람이 있다는 것은 정말 행복한 일입니다. 내가 좋은 느낌을 가지고 있는 사람이 있다는 것은 정말 행복한 일입니다.

내가 좋은 느낌을 받고 그 사람에게 좋은 느낌을 주기 위해서 성적인 감각들을 공략해 보십시오.

매일 초콜릿을 선물하는 것과 같이 아주 미세하고 간접적으로 다가가기도 하고 키스나 섹스와 같이 강하고 직접적으로 다가가기도 합니다.

알고 보면 모두가 같은 이치입니다.

매일 그 사람을 만날 때 초콜릿을 선물하십시오. 섹시한 모습, 사랑에 대한 속삭임, 키스······.

미각, 시각, 청각의 모든 감각에서 성적 자극이 전달될 수 있습니다.

이러한 부분들을 공략해 보십시오.

그 사람의 마음에 사랑을 싹 틔우기 위해서······.

그 사람의 마음에 사랑을 키우기 위해서······.

그 사람을 사로잡는 법 28

키스를 잘 하자

키스에는 상대방을 존중하는 마음이 있어야 합니다

사랑하는 남녀에게 키스를 해 본 적이 있느냐고 묻는 것 자체가 어리석은 질문일 것입니다. 그만큼 남녀 사이에 사랑을 표현하는 가장 보편적인 수단이 키스가 아닌가 싶습니다. 그러나 만약 "키스를 잘하세요?"라고 묻는다면, 잘 한다고 자신있게 대답할 수 있는 사람이 얼마나 되겠습니까?

키스는 섹스와는 달리 정력이나 테크닉이란 말로써 대변될 수 없기 때문에 잘하고 못한다는 개념 자체를 규정하기 어렵습니다.

키스를 잘 해야겠다는 생각도 가지지 않습니다. 그냥 하면 된다고 생각하는 것이 당연합니다. 사랑하는 남녀 사이에 사랑이라는 그 자체만으로 황홀하기 때문에 키스를 잘하고 못하는 것에 별 신경을 쓰지 않습니다. 사랑하는 사람과 키스 한다는 것만으로도 충분히 만족할 수 있습니다.

그러나 이왕이면 잘하는 키스는 사랑하는 두 사람에게 더 좋은 느낌을 가져다 줄 수 있습니다.

키스를 잘한다는 것을 테크닉적인 측면에서 설명하기는 힘들 것 같습니다. 아마도 가장 잘 하는 키스는 자신의 사랑하는 마음이 잘 전달될 수 있도록 하는 것이 아닌가 싶습니다.

가장 가슴이 떨리는 순간은 아무래도 첫 키스일 것입니다. 어떻게 해야 될지, 언제 해야 될지, 혹시 상대방이 기분 나빠 하지나 않을지, 고민거리도 많고 망설임도 많습니다.

첫키스의 느낌을 기억하고 있는 사람은 많지 않을 것 같습니다. 너무 황홀해서였든지, 당황해서였든지, 그 순간이 어떻게 이루어졌고 어떻게 했는지 아무런 생각조차 할 수 없었을 것입니다. 그러나 한 번 하는 것이 어렵지 그것도 자주 하다 보면 이력이 나게 마련입니다. 그렇다보니 더 좋은 느낌으로 키스를 하고 싶어지는 것이 사람의 심리이기도 합니다.

이왕이면 더 좋은 느낌을 줄 수 있도록 키스를 해 보십시오. 키스를 하기 전에 상대방의 눈을 바라 보십시오. 말 없이 동의를 구하는 것입니다.

사랑하는 사이니까 키스 정도는 동의 없이 해도 된다는 생각은 버리십시오. 상대방의 동의를 구하는 행동은 그 사람을 존중하는 마음입니다. 그렇다고 말로써 동의를 구하는 것은 오히려 어색할 수 있습니다. 따라서 눈빛으로 동의를 구하는 것이 좋은 방법입니다.

 그 대답도 역시 느낌으로 알 수 있습니다.

 상대방이 동의했다고 느껴지면 처음에는 가볍게 입맞춤 하십시오. 처음부터 깊은 키스보다는 한 번 정도의 가벼운 입맞춤은 상대방의 긴장을 풀어주며 더욱 부드러움을 느낄 수 있게 해 줍니다. 가벼운 입맞춤이 끝났으면 부드럽게 상대방의 입술을 빠는 것으로 그 깊이를 더 하십시오. 혀 못지 않게 사람의 입술도 상당히 성적으로 느낌이 좋은 곳입니다. 입술을 부드럽게 두 번 정도 빨고 나서 깊은 키스로 들어가십시오.

 한 번의 키스로 오래 동안 하는 것 보다는 약간의 시간을 두고 몇 번에 나누어서 하는 편이 좋습니다. 왜냐하면 아무리 감미로운 키스도 시간이 지나면 무감각해지는 경향이 있기 때문입니다.

키스하는 동안 손으로 상대방의 귀를 만져 주거나 머리를 쓰다듬어 주는 것은 더욱 키스를 감미롭게 만들어 주기도 합니다.

키스를 마칠 때도 느닷없이 입을 떼는 것 보다는 가볍게 입맞춤을 두세 번 하고서 마치는 것이 상대방에게 당혹감을 주지 않습니다.

만약 키스에 대한 아쉬움이 남아 있다면 한 번 정도 더 깊은 키스를 한 후 가벼운 입맞춤으로 마무리 하십시오. 그리고 얼마 동안 꼭 껴안아서 자신의 사랑이 강함을 알리는 것도 좋습니다.

키스를 잘 하면 두 사람에 대한 느낌이 훨씬 좋아질 수 있습니다. 잘 하는 키스에는 상대방을 존중하는 마음이 있어야 합니다. 상대방을 사랑하는 마음이 중요합니다.

이러한 마음이 전달되는 키스라면 상당히 잘 하는 키스가 될 것입니다. 그러기 위해서는 하나 하나의 행동에 섬세함을 발휘해야 할 것입니다.

이 글을 읽는 분이 여성이라면 키스에 대해서 더 적극적이고 열정적일 필요가 있습니다.

때로는 여자가 리드하는 키스가 더 황홀할 수 있습니다. 남자로서 느끼는 것이지만 섹스나 키스에서 항상 리드를 해야 한다는 것이 썩 좋은 것 만은 아닙니다. 때로는 남자도 리드를 당하고 싶을 때가 있습니다.

특히 섹스나 키스에서…….

그나마 섹스에서는 여자가 리드를 할 경우가 종종 있습니다. 그래서 여성 상위 시대를 오히려 남자들이 더 좋아하는가 봅니다. 남자는 섹스에서도 그렇지만 가끔은 키스에서도 리드를 당하고 싶을 때가 있다는 것을 알아 주십시오. 자신의 얼굴 위로 흘러내리는 사랑하는 여자의 머리카락을 쓸어내리며 적극적으로 키스를 받을 때 남자도 황홀해질 수 있다는 것을 알아야 합니다.

어쨌든 느낌이 좋고 황홀함까지 겸비한 키스는 상당히 잘 하는 키스라고 할 수 있습니다.

그것이 남자에 의해서 주도되든, 여자에 의해서 주도되든 중요한 것은 서로 사랑하는 마음이 잘 전달될 수 있어야 한다는 것입니다. 상대방에게 당혹감을 주지 않는 섬세함과 존중하려는 마음이 전달될때 가장 좋은 키스가 이루어 질 것입니다.

그 사람을 사로잡는 법 29

추억의 장소를 만들자

추억의 장소는 사랑하는 사람을 잊지 않게 해 줍니다

사랑은 모든 것을 특별하게 만드는 재주가 있습니다. 사랑하는 사람과 같이 하는 일들에는 특별한 의미가 부여됩니다. 평상시에 늘 하던 일들도 사랑하는 사람과 함께 할 때 더 특별하게 느껴집니다. 우리는 이것을 추억이라고 말합니다.

사랑하는 사람과 함께 가는 곳은 특별한 장소가 됩니다. 항상 들러도 별 의미가 없던 곳이 사랑하는 사람과 함께 가면 새로운 것들이 눈에 들어 오기 시작합니다. 우리는 이 곳을 추억의 장소라고 말합니다.

추억의 장소가 있다는 것은 두 사람만의 특별한 기억이 있다는 것을 말합니다. 아주 오랫 동안 잊혀지지 않는 장소가 되며 혼자서 그 곳을 들르더라도 그와 함께 있는 듯한 느낌을 받습니다. 그 곳은 사랑하는 사람을 더욱 사랑하도록 만들어 주는 매개체가 될 수도 있습니다.

그렇다면 이런 추억의 장소를 하나 쯤 만들어 두십시오. 이 곳 저곳 새로운 곳만을 찾는 것도 좋지만, 둘만이 자주 다니는

까페를 만든다든가, 늘 같은 장소에서 만난다든가, 어떤 방식으로든 추억의 장소를 만들어 두십시오.

사람이 만나서 사랑한다고 해서 두 사람이 항상 좋을 수는 없습니다. 때로는 싸우기도 하고 감정이 식기도 합니다. 사랑하는 사람들 사이에는 반드시 몇 번의 위기가 오게 마련입니다. 이 때 영원히 헤어져 버리는 경우도 있고, 이 위기를 극복하고 더 깊고 안정된 사랑으로 가기도 합니다.

두 사람만의 추억의 장소는 아마도 이 위기를 극복하는데 아스피린과 같은 역할을 해 줄 것입니다.

많은 사람들이 서로 만나고 사랑하지만 그것 못지 않게 많은 사람들이 헤어지기도 한다는 사실을 명심하십시오.

사랑은 지나쳐 버리기 쉬운 것들에 특별한 의미를 부여한다고 했습니다.

나도 그녀와 함께 지냈던 그녀의 아파트 앞 공원을 생각하면 그녀를 얼마나 많이 사랑하고 있는지 느낄 수 있습니다. 놀이터에 놓인 그네도, 둘이 함께 매달려 멀리 뛰기를 했던 철봉도, 쉴 틈 없이 달려 드는 날파리들을 쫓으며 그래도 좋다고 둘이서 앉아 이야기하던 놀이터 앞 벤치도 우리에게는 특별한 것들입니다.

이러한 사소한 사물들이 특별하게 느껴지는 것은 사랑이라는 것이 그것들에게 배여 있기 때문입니다.

지금 우리는 서로 연락처도 모른 채 멀리 떨어져 있습니다. 다시 만날 수 있을지도 알 수 없습니다. 그러나 혼자서 그 곳을 지날 때면, 다시 이 곳 놀이터에서 그녀와 같이 그네를 타고 날파리들을 쫓으면서 벤치에 앉아 이야기할 수 있을 것을 확신합니다.

둘만의 추억의 장소는 그래서 좋습니다. 그 곳은 그 사람을 처음 보았을 때의 설레임을 다시 느낄 수 있게 해 줍니다. 그 사람을 나의 것으로 만들기 위해서 얼마나 많은 노력을 했는지 상기시켜 줍니다. 그 사람에 대한 사랑을 확신할 수 있습니다.

두 사람만의 추억의 장소는 어떤 문제가 생길 때, 그 문제를 해결 해 주는 장소로도 유용하게 이용될 수 있습니다.

만약에 일시적인 마찰로 잠시 멀어지게 된다면 두 사람이 만든 추억이 있는 곳으로 가 보십시오. 처음에는 혼자서 그 곳을 찾아 조용히 그 때를 기억해 보십시오. 서로 얼굴을 보면서 얼마나 많은 이야기들을 나누었는지를, 그리고 그 후에 얼마나 많은 침묵의 시간이 두 사람 사이에서 흘렀는지를 기억해 보십시오.

자신의 마음이 그 사람을 사랑한다면 사랑하는 사람과 함께 다시 그 곳으로 가 보십시오. 두 사람 사이에 어색한 단절이 자연스럽게 치유될 수 있을 것입니다. 어쩌면 그 사람도 혼자서 이 곳을 다녀 갔는지 모릅니다.

추억의 장소는 그래서 좋습니다. 사랑하는 사람을 잊지 않게 해주기 때문입니다.

사랑하는 사람에게 처음과 같은 느낌을 찾아 줍니다. 두 사람 사이에 흘렀던 위기를 일시적인 과정으로 만들어 버립니다. 아무런 생각없이 이곳 저곳으로 배회하기 보다는 70년대 영화와 같은 장소를 하나 쯤 만들어 두십시오.

그 사람을 사로잡는 법 30

사랑에는 면역되지 말자

사랑의 열병은 가슴이 식지 않았다는 것을 말합니다

내가 다닌 고등학교는 남녀공학이었습니다.

지금은 남자고등학교로 바뀌었지만 그 때까지만 해도 같은 학교에 여학생이 있다는 것은 타 학교의 부러움을 살만 했습니다. 그러나 우리는 남녀공학이라는 사실을 거의 느끼지 못했던 것 같습니다. 왜냐하면, 남학생 교실과 여학생 교실이 각각 다른 건물로 분리되어 있어 교내에서 여학생과 어울리는 것은 상상조차 못했기 때문입니다.

우리가 할 수 있는 일은 수업을 마친 후 교내에서 본 마음에 드는 여학생에게 어떻게든 말 한마디 걸어 보려는 시도를 하는 것이었습니다.

그 때 나도 같은 학교 여학생을 만나기 위해서 그 여학생의 집 앞에서 10시간을 기다린 적이 있습니다. 토요일이라서 일찍 수업을 마치고는 곧장 그 여학생의 집으로 달려가서 오후 1시부터 밤 11시까지 10시간을 그 여학생이 오기만을 기다린 것입니다.

같은 학교라서 그 여학생도 일찍 올 것이라 짐작하고 먼저 집 앞에 도착해서 기다리기 시작한 것이 밤 11시가 되었습니다. 다행히 친구의 생일에 참석했다가 늦게 도착한 그 여학생을 만났지만, 우리가 이야기 나눈 시간은 고작 30분 밖에 되지 않았습니다.

그 때 그 여학생을 기다린 10시간이 지루하다고 느껴지지는 않았던 것 같습니다. 나에게는 그 여학생을 기다리는 것이 1분 정도로 밖에는 느껴지지 않기 때문입니다.

지금 다시 그렇게 할 수 있냐고 누가 묻는다면 사실 대답하기 곤란할 것 같습니다. 아마도 이성에 대한 관심이 가장 큰 때였기 때문에 가능하지 않았나 싶습니다. 그리고 20대에 몇 번의 사랑을 만나고, 그 사랑이 가고 또 외로운 시간을 보내면서, 나도 모르게 사랑에 대해 면역성이 생겼는지도 모릅니다.

사랑에 대한 경험 뿐만 아니라 주위에서 많은 사람들의 사랑을 지켜보면서 사랑이라는 것이 별 것 아니라는 인식이 나를 고등학교 때의 그 열정에서 멀어지게 했을 수도 있습니다. 그러나 가만히 생각해 보면 사랑에 대해서 면역이 생긴다는 것은 가히 좋은 일만은 아닌 것 같습니다. 더구나 나이를 먹으면서 점차 이성에 대한 환상이 깨어지기 시작하고 사랑에 대한 기대가 줄어들고, 가슴이 식기 시작하는 것은 서글픈 일입니다.

한 때 나이가 서른 쯤 되면 사랑하고도 거리가 멀어질 거라고 생각했던 것들이 이런 사실 때문이 아닌가 싶기도 합니다.

남자에게 있어서 20대의 최대 관심은 여자이고, 30대의 최대 관심은 돈이며, 40대의 최대 관심은 명예라는 말을 들은 적이 있습니다.

맞는 말인것 같습니다.

30대라고 해서 이성에 대한 관심이 사라지거나 사랑에 대한 열정이 식거나 가슴 뛰는 일이 없는 것은 아닙니다. 그러나 20대의 그것과는 많은 차이가 있는 것 같습니다. 물론 나이가 들어간다고 사랑을 하지 않거나 전혀 설레임이 없는 것은 분명 아닙니다.

그러나 20대에 느끼는 사랑이 10대에 느꼈던 이성에 대한 호기심과는 다르듯이 30대에 느끼는 사랑에도 차이가 나는 것은 사실입니다.

나도 지금은 여자를 바라보는 시각이 많이 바뀌어져 있음을 느낄 수 있습니다. 무조건적이고 열정적인 사랑에서, 조건적이고 이성적으로 바뀌었음을 부정할 수 없습니다.

이 모두가 많은 시행착오를 거치고 세상에 물들면서 사랑에 대해서도 면역성을 가지게 된 탓일 것입니다. 더 이상 사랑의 열병을 앓을 확률이 낮아진 것도 사랑에 대해서 면역이 되어 있기 때문일 것입니다.

같은 사람을 만나도 처음에 가졌던 뜨거움이 시간이 지나면서 식어가게 마련인데, 하물며 사람을 만나는 것 자체에서 예전의 뜨거움을 가질 수 없다는 것은 안타까운 일입니다. 그래서 나이가 들어도 사랑에 대해서만큼은 항상 열병을 앓을 수 있었으면 좋겠습니다.

며칠을 앓아 누울지라도 열병을 앓는 것은 아직도 사랑에 대해 열정이 있다는 뜻입니다. 아직도 가슴이 식지 않았다는 증

거입니다.
 언제나 뜨거운 사랑을 할 수 있기 위해서 사랑하는 것에는 면역이 되지 않도록 하십시오.

그 사람을 사로잡는 법 31

우연을 가장한 필연을 만들자

우연에 의해서 만들어지는 우연은 없습니다

사람은 태어나면서 짝이 정해진다고 합니다. 그래서 짚신도 짝이 있다는 말이 있습니다. 사랑하는 사람은 반드시 만나기 마련이라고 믿는 사람들은 사랑을 필연이라고 생각하는 것 같습니다. 그러나 필연도 우연에서부터 시작된다는 것을 알고 있습니까?

전혀 모르는 한 남자와 한 여자가 우연히 만나서 사랑하게 될 수도 있지만, 알고 보면 그 우연도 만들어진다는 것을 알고 있습니까?

만약에 당신이 도서관 열람실에서 멋진 남자를 보았다고 가정해 보겠습니다. 당신은 한눈에 그 남자를 많이 사랑하게 될 것 같은 예감을 받습니다. 사랑하는 사람을 만나면 그 사람에게 모든 관심이 집중되는 것은 당연합니다.

그 사람에 대한 많은 것이 궁금하고 또 알고 싶습니다. 그래서 그 사람의 옆을 지나면서 곁눈으로 어떤 책들을 보고 있는지, 전공이 무엇인지 정도는 쉽게 알아냅니다. 운이 좋으면 이름까지도 알 수 있습니다.

오랫동안 지켜보면, 그 사람이 몇 시에 도서관에 도착하고, 주로 수업시간이 언제인지, 언제쯤 자리를 뜨고, 언제쯤 돌아오는지도 알게 됩니다. 그리하여 때로는 그 사람의 맞은 편 열람석에 앉기도 하고, 용기가 날 때면 과감하게 옆자리를 선택합니다.

그 사람이 수업을 마치고 돌아올 때 쯤이면 도서관 로비에서 서성이면서 슬쩍 눈길을 마주치려는 노력도 할 수 있습니다.

이런 우연을 만들려는 시도는 아름다운 것입니다. 그것은 자신의 마음에 그 사람을 사랑하는 감정이 있기 때문입니다.

꽤 늦은 시간에 도서관을 나서는데 자신이 눈길을 주던 그 남자가 다가옵니다. 차라도 한 잔 하자는 신청을 받습니다.

　보통 때 같으면 시치미를 뚝 떼고 누구냐고 묻습니다. 언제 자신을 본 적이 있냐면서 전혀 모르는 사람 취급을 할 것입니다. 그러나 이번에는 다릅니다. 당연하다는 듯이 받아들입니다. 그렇지만 선뜻 그러자고 말하기에는 너무 헤퍼 보이기라도 할까봐 다음 날로 미룹니다.

　밤 늦은 시간은 그 사람을 이해시키기에 충분한 핑계거리가 되어서 좋습니다. 아침에 도서관에 가지만 어제 밤과 같은 느낌은 아닙니다. 뭔가 어색합니다. 도서관에 들어서자마자 그 사람이 어디 쯤 있는지 찾게 됩니다. 그 사람은 항상 있던 그 자리가 아닌 출입구 옆 자리에 진을 치고 있습니다.

　그것은 그 사람이 내게 자신을 쉽게 노출시키려는 의도로 해석해도 좋을 것 같습니다. 그러나 막상 아는 척 하려고 하니 어색하고 껄끄럽습니다. 하는 수 없이 멀찌감치 자리를 마련하고는 도서관 로비로 나와 자판기 커피라도 한 잔 하면서 마음을 가다듭습니다. 그리고 먼저 인사라도 해야겠다는 굳은 마음으로 돌아갑니다. 그런데 출입구에 진을 치고 있던 그 남자가 보이지 않습니다.

　혹시 그 사람도 어색해서 나를 피한 것은 아닐까 하는 불안감을 안고서 자신의 자리로 돌아갑니다. 그러나 예상이 빗나갑니다.

　어느 사이에 그 남자는 자신의 옆자리에서 공부를 하는 척하고 있습니다. 또 한 번 시치미를 뗄 때입니다.

"어! 안녕하세요. 여기가 내 자리인데……. 옆에 있는 걸 못 보았네요……"

이렇게 우연이 필연으로 바뀝니다. 두 사람은 서로 만난 것이 필연이라고 믿으며 사랑하게 되고, 따라서 사랑은 우연이면서도 필연인게 됩니다.

지금 여기에서 말한 시나리오가 전혀 가능성이 없는 일일까요?

지금까지 말한 것은 만난 지 일년도 안 되어서 결혼하고 애기까지 낳은 한 친구의 실화입니다.

그들은 우연을 가장한 필연을 만든 실제 주인공들입니다. 사랑하고픈 사람이 보이면 우연을 만들려는 노력을 해 보십시오. 그러면 필연적으로 만나게 될 가능성이 높습니다. 진짜 우연히 누구인가를 만나고 사랑하게 될 거라는 생각은 일찌감치 버리는 것이 좋을 것입니다.

우연에 의해서 만들어지는 우연은 없습니다. 알고 보면 그 우연도 노력에 의해서 만들어지기 때문입니다. 사랑을 한다는 것이 그렇게 쉽지 않음을 알 수 있습니다.

신경쓰고 노력해야 할 것이 너무 많은 것 같고, 하늘이 미리 알고서 정해 준 자신의 짝을 찾는데 넘어야 할 산들이 너무 많은 것 같습니다.

그래도 어쩌겠습니까?

남들도 다 그런 노력을 했기에 사랑도 하고 연애도 하고 결혼도 하는 것입니다.

만약에 구태여 그렇게까지 해야 하냐고 반문하고 싶다면, 그 전에 주위의 친구나 선배 혹은 후배들에게 어떻게 사랑하는 사람을 만나게 되었는지 한 번 물어 보십시오. 아니면 길가는 연인들을 붙잡고서 추궁해 보는 것도 괜찮을 것 같습니다. 이상한 사람으로 취급될 수도 있지만 적어도 사랑을 하는 데는 그만큼의 노력과 과정이 있다는 사실만은 알게 될 것입니다.

자, 이제 이러한 사실들을 깨닫게 되었다면 우연을 가장한 필연을 만들어 보시지 않으렵니까? 나를 기다리는 그 사람도 어리석게 그냥 우연만을 기다리고 있을지 모릅니다. 그렇다면 나라도 나서서 필연을 만들어야 할 것입니다.

그 사람을 사로잡는 법 32

사랑은 만남보다 지킴이 중요하다

사랑도 시행착오를 거치면서 배울 수밖에 없습니다

사람이 만나서 사랑하게 되면 처음엔 잠시라도 떨어져있기 싫을 정도로 가까워집니다. 마치 두 사람은 하나가 된 것처럼 서로를 위해서 많은 것들을 배려합니다. 그러나 시간이 지날수록 상대방에 대한 감정들에 익숙해지기 시작합니다.

처음의 가슴 벅참이나 긴장감이 사라져 갑니다. 오히려 상대방의 단점이 보이게 되고, 신경전이 시작되면서 두 사람 사이에 어느 정도 거리가 생기게 됩니다. 그리고 두 사람의 사랑에 위기가 찾아옵니다. 이러한 과정들을 그림으로 보여주는 것이 사랑의 호리병입니다.

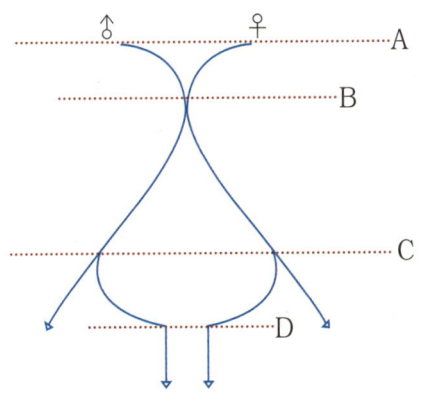

A는 낯선 한 남자와 한 여자가 만나는 시점입니다. 그리고 두 사람은 서로 사랑하게 되고 빠른 속도로 가까워집니다.

B에 이르러서는 그 감정이 가장 절정에 이르고, 사랑하는 사람을 생각하면 가슴이 설레며, 세상의 어떤 것 하고도 바꿀 마음이 없어집니다.

우리는 대부분 B에서와 같은 상태를 사랑이라고 합니다. 그들은 이러한 마음이 영원히 지속되기를 바라며 그래야지 사랑도 지속된다고 생각합니다.

그러나 대부분의 사람들은 그렇지 못합니다. 서로 트러블도 있게 되고 갈등도 발생하여 거리가 벌어지기 시작하는 단계가 반드시 찾아옵니다. 이것이 C쯤 됩니다.

이 단계에서는 두 가지의 경우로 나누어 집니다.

하나는 위기를 극복하지 못하고 영원히 멀어져 버리는 경우이고, 다른 하나는 처음 만나서 느꼈던 것처럼 강한 설레임이나 긴장감은 없어도 C에서와 같은 위험한 갈등도 없는 경우입니다.

이 단계는 D처럼 평행선을 달리며 영원히 함께 가는 삶이 되는 것입니다. 우리는 사랑을 B처럼 그 마음이 강할 때라고 생각하지만 실제로는 그렇지 않습니다. 진정한 사랑은 D처럼 평행선을 달릴 수 있을 때입니다.

여기까지 오기 위해서 몇 번의 위기가 찾아 올 수도 있고, 헤어질 가능성도 있습니다. 이러한 과정을 거쳐 서로에 대한 마음이 이해와 존중으로 가득할 때 두 사람은 진정한 사랑의 단계까지 왔다고 말할 수 있을 것입니다.

사람을 만나서 사랑에 빠지는 것은 쉬울 수 있으나 그러한 사랑을 지켜 나간다는 것은 오히려 어렵습니다.

주위를 둘러 보아도 그렇습니다. 많은 사람이 만나서 사랑하지만 얼마 못 가서 헤어지는 경우는 흔하지만, 여기에 비해서 오래도록 그 사랑을 지켜 나가는 경우는 드뭅니다. 그래서 사람들은 많은 이별을 하고 나서야 자신의 진정한 짝을 찾는가 봅니다.

어떤 이는 인연이 아니기 때문에 헤어진다고 말하지만 난 그렇게 생각하지 않습니다. 많은 이별을 하면서, 자신도 사랑에 대해서, 그리고 사랑하는 방법에 대해서 배워 나가는 것이 아닌가 싶습니다.

첫사랑은 실패한다고들 합니다. 이것은 첫사업에 실패를 하는 것과 같은 이치라고 합니다.

첫사랑과 첫사업의 실패는 경험이 없기 때문에 겪게 되는 시행착오와도 같습니다. 어쩌면 사랑에 성공하는 방법이란 없을 수도 있습니다.

사랑에 실패하고 아파하고 다시 사랑하는 과정을 거치면서 사랑에 대해서 성숙해질 때 비로서 가능한 것이 사랑인지도 모릅니다. 그러나 헤어지고 오랫동안 못 잊어 하며 아파하기보다는 이왕이면 그 사랑을 지켜 나가는 것이 좋습니다.

사랑에 빠지는 것보다 지켜나가는 것이 어렵기 때문에 결혼을 사랑의 성공 쯤으로 말할지도 모릅니다. 적어도 결혼을 하면 그렇지 않을 때보다 헤어질 확률이 낮기 때문입니다. 결혼

을 하면 대부분 헤어지지 않을 것이라는 어느 정도의 믿음을 갖기 때문에 두 사람의 사랑이 성공했다고 말하나 봅니다.

얼마 전에 결혼한 동생의 친구는 남편과 외식할 때마다 같이 밥이나 한 끼 하자던가 술을 한 잔 하자며 동생을 불러낸답니다. 동생이 친구에게 그냥 둘이서 데이트나 하지 자꾸 자신을 불러내느냐고 항의(?)를 하면 그 친구도 맞장구 치며 한 마디 한답니다.

"너도 살아 봐. 그렇게 되는지……."

그러나 두 사람에게서는 안정된 사랑을 느낄 수 있다고 합니다.

처음과 같은 설레임이나 뜨거움이 많이 퇴색한 것 같이 느껴지지만 더 이상의 위험한 갈등도 없습니다. 사랑하는 남자와

여자가 만나고 얼마가지 않아서 헤어질 위험에 이르는 것은 어쩌면 두 사람 모두 처음과 같은 열정이 지속되기를 기대하기 때문인지도 모릅니다.

그러나 진정한 사랑은 그 과정을 넘어서 평행선으로 달리는 안정감을 찾았을 때라고 생각합니다. 감당하기 힘들 정도의 뜨거움도 없고, 상대방이 없는 삶을 상상조차 하지 않는 평행선까지 가려면 그만큼 그 사랑을 지키려는 노력이 필요합니다.

사랑은 만들어 나가는 것이고 지켜나가는 것입니다. 지금 사랑을 갈망하는 사람이라면 그 사랑을 지켜나가려는 폭넓은 마음을 먼저 준비해 두십시오.

사랑에 있어서 이보다 더 중요한 것은 없을 것입니다.

그 사람을 사로잡는 법 33

집착에서 벗어나자

다른 것들도 남겨둘 방 하나 쯤은 더 마련해 주십시오

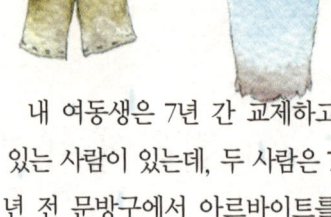

　내 여동생은 7년 간 교제하고 있는 사람이 있는데, 두 사람은 7년 전 문방구에서 아르바이트를 하다가 만났다고 합니다. 그 때 동생은 재수를 하고 있었고 틈틈히 시간을 내서 문방구나 옷가게에서 아르바이트를 하곤 했습니다.

　전혀 꾸미지 않은 얼굴에 검정색 뿔테 안경을 쓰고 다녔기 때문에 내가 보아도 매력하고는 거리가 먼 차림새였습니다. 그러나 동생의 남자 친구는 그 때 그 모습이 좋았다고 합니다.

　두 사람의 사랑이 얼마나 강했던지 옆에서 지켜보고 있던 나까지도 그 사랑을 느낄 수 있을 정도였습니다.

　그리고 7년이 지났습니다. 10여 년 간 교제하고 결혼한 사람도 있겠지만 일반적으로 7년 간의 교제는 상당히 긴 시간입니다.

　언젠가 여동생으로부터 이런 이야기를 들은 적이 있습니다.

　"7년 쯤 교제를 하고 나니까 이제는 상대방에 대해서 너무 잘 알고 그 만큼 편해지긴 했는데……."

"내가 얻은 것은 그 사람을 만났다는 것이지만, 그 만큼 잃은 것도 많은 것 같아."

"그 중에서도 특히 사람들을 많이 잃어버린 것 같아."

"그 사람 외에는 특별히 만날 사람도 없고……. 그 사람도 마찬가지인 것 같아."

"어느 날 갑자기 내 주위에 아무도 없다고 생각하니까 너무 허전해지는 거 있지……."

주위에 많던 친구와 선배, 후배들은 다 가버리고 아무도 없는 것 같은 느낌을 받았다고 합니다.

7년 동안 얻은 것은 사랑이지만, 그 만큼 잃은 것도 있다고 합니다. 서글픈 일입니다.

처음에 만나면 두 사람은 항상 그리워하고 시간만 나면 만나서 데이트하기가 바쁩니다. 그래도 시간이 모자라서 헤어지는 것이 아쉽고 또 상대방이 나를 외면하고 다른 친구들과 어울리면 왠지 섭섭하고 울적해집니다. 그래서 될 수 있는 한 두 사람은 항상 붙어 있으려고 합니다. 당연한 일이고 누구나 그렇습니다. 그러다 보면 사랑하는 사람을 만나기 전에 어울리던 선배, 후배, 친구들과 만날 기회가 줄어 들기 시작합니다. 그리고 언젠가 그들이 필요할 때 너무 멀어져 있거나 어디에 있는지조차 알지 못하게 될 수도 있습니다.

사랑하는 사람을 만나면 같이 있고 싶은 것은 당연하지만 그것이 지나치면 많은 것을 잃게 될지 모릅니다. 주위에 있던 사람들은 물론이고 자신들의 꿈마저 포기해야 할 때가 있습니다.

사랑하는 사람을 위해서 그 정도는 해 줄 수 있는 것 아니냐고 반문할 수도 있겠지만, 시간이 지나서 어느 날 그 때 잃어 버린 것에 대해서 아쉬워하지 않을 자신이 있다고 어느 누가 말할 수 있겠습니까?

이왕이면 잃는 것보다는 잃지 않는 것이 더 좋다고 했습니다. 사랑도 잃지 않고 친구도 잃지 않고 꿈도 잃지 않으려면 지나친 집착에서 벗어나야 합니다. 사랑을 한다는 것은 결코 사랑하는 사람 안에 자신이 들어갈 방만을 만드는 것이 아닙니다. 사랑한다는 것은 두 사람이 가지고 있던 것들을 소중하게 간직하면서 다른 것들도 남겨둘 수 있는 방 하나 쯤은 더 마련해 두는 것입니다. 사랑한다면 그 사람이 가지고 있는 것들을 소중하게 생각하고 그것들을 잃지 않도록 함께 노력해야 합니다. 그것은 지나친 집착으로부터 벗어날 때 더욱 쉬워질 것입니다.

젊을 때는 아름다운 사랑을 꿈꾸며 자신을 가꾸고, 나이가 들면서는 사랑을 지키려고 사회의 험난함 속에서도 꿋꿋하게 버텨 나갑니다. 그만큼 사람들은 사랑을 위해서 살고 사랑을 지키려고 많은 노력을 하는 것 같습니다. 그러나 사랑을 꿈꾸고 지키는 것도 좋지만 사랑하는 사람이 가지고 있는 것들을 소중하게 생각하는 것이 더 중요할 수도 있습니다.

나에게 사랑하는 사람 외에는 아무 것도 없다고 생각하면 언젠가 공허함을 느낄 수 있고, 그 역시도 나 외에 아무 것도 없다고 생각하면 공허함을 느낄 수 있습니다.

사랑하는 사람을 공허하게 만드는 것은 가슴 아픈 일입니다.

집착은 순간적인 사랑의 표현일 뿐입니다. 처음에는 당연하게 받아들일 수 있지만, 시간이 지나 뒤를 돌아볼 때 잃은 것이 많다는 느낌은 받지 말아야 할 것입니다.

그 사람을 사로잡는 법 34

365일, 섹스를 즐기자

여자의 적극적인 표현과 남자의 자제력이 필요합니다

남자에게 섹스는 밥과 같고, 여자에게 섹스는 마약과 같다고 합니다. 밥은 매일 습관적으로 먹으면서 또 먹지 않으면 안 되는 것처럼 남자에게서 성욕은 배출하지 않으면 안 되는 것이라고 합니다.

그렇다보니 마치 섹스가 사랑과는 상관없는 습관적인 것처럼 되버리는 경향이 없지 않습니다. 그래서 남자는 사랑 없이도 섹스를 하는가 봅니다.

여자의 섹스를 마약에 비유한다면 당연히 욕 얻어 먹을 소리입니다. 여자를 어떻게 그 정도로 밖에 보지 않느냐고 돌을 던질지도 모르기 때문에 여자에게 있어서 섹스를 마약에 비유한 것은, 없어도 그만이라는 의미가 더 크다고 미리 변명부터 해두어야 할 것 같습니다.

경험이 없을 때 여자는 섹스를 하지 않고도 잘 살 수 있지만, 섹스에서 그 절정이라는 것을 경험하게 되면 남자보다 더 섹스에 집착을 하게 된다는 것이 일반적인 견해입니다.

오죽하면 생과부를 만들면 위자료까지 줘가면서 이혼을 해야 한다는 말이 나오겠습니까?

남자와 여자 사이에서 섹스의 의미를 들먹이는 것은 섹스의 만족이 두 사람 사이의 사랑을 좌우할 수 있기 때문입니다. 그리고 이왕이면 서로 만족하는 섹스를 하자는 것에 있습니다.

남자는 섹스하는 과정에서 쾌감을 얻는 경우는 드물고, 시각적인 면에서 섹스를 즐기거나 몇 초 밖에 되지 않는 사정의 순간에 절정을 느낍니다. 이 외에도 남자가 섹스에서 만족을 느끼는 경우는 전혀 예상밖에서입니다. 섹스를 하는 과정에서도 아니고, 사정을 할 때도 아닌, 자신이 상대방을 충분히 만족시켰다고 느낄 때라고 합니다.

남자의 잠재적인 정복욕구가 나타나는 것인지, 힘센 남자로 보이는 것에 만족하는 것인지……. 어쨌든 상대방을 만족시킬 수 있다는 그 어떤 힘에 스스로 만족하는가 봅니다.

어떤 남자는 섹스 하는 동안 애국가를 4절까지 부른다고 합니다. 자신의 사정을 늦추기 위해서는 섹스에 몰두하지 않아야 되기 때문에 애국가를 부른다는 겁니다. 애국가를 다 부르고 나면 자신도 섹스에 몰두하는데 그것은 그 동안 상대방이 어느 정도 섹스에 만족했다고 스스로 평가하기 때문인 것 같습니다.

반면에, 여자는 섹스 그 자체에서 절정을 경험합니다.

남자가 순간이라면 여자는 과정이라고 할 수 있습니다. 그렇다면 남자와 여자 모두 만족할 수 있는 섹스를 하기 위해서는

여자의 적극적인 표현과 남자의 자제력이 필요할 것 같습니다. 섹스는 남자가 사정을 할 때 끝난다고 생각하는 것이 일반적인 생각이지만 여자가 만족했을때 섹스를 끝낼 수 있어야 합니다.

사정을 할 때까지 멈추지 않는 섹스는 어쩌면 남자 위주로 이루어지는 것일 수 있습니다.

여자가 어느 정도 만족하고 그만 하고 싶다고 느끼더라도, 남자가 사정할 때까지 기다리는 것은 좋은 섹스가 아닐 수 있습니다. 남자도 반드시 사정이 있기 전에는 그만 두지 않으려 하는 것이 자기 중심적인 성욕이라는 것을 자각해야 합니다.

섹스를 할 때마다 사정을 하기 보다는 자주 하는 섹스에서 가끔씩 사정하는 것이 남자의 체력적 측면에서도 좋습니다. 그러기 위해서는 여자의 적극적인 자기 표현이 잘 이루어져야 합니다.

상대방의 느낌이 어느 정도인지를 모르면 섹스가 끝나고 나서 남자는 이렇게 묻습니다.

"괜찮았어?"

그만큼 남자는 자신과 섹스를 한 여자가 어떤 느낌을 받았는지에 신경을 쓰는 편입니다.

여자가 자신의 만족도를 적극적으로 표현하고 충분한 만족이 이루어지면 섹스를 중단할 것을 요구할 수 있어야 하고, 남자는 여기에 만족하고 자제할 수 있어야 합니다.

두 사람이 서로 사랑을 나누는 과정으로 섹스를 즐길 수 있고, 반드시 사정을 안 하더라도 섹스 그 자체에서 만족을 할 수 있으면 됩니다.

남자가 한 번 사정할 때 에너지의 많은 부분이 손실되기 때문에 매일 섹스를 한다는 것이 불가능해 보입니다. 그러나 섹스를 할 때마다 사정을 하지 않고 가끔씩 사정을 한다면 365일 섹스를 즐길 수도 있습니다. 이것은 여자의 적극적인 자기 표현과 성적 만족이 얼마만큼 이루어지느냐에 달렸습니다.

사실 여자의 성적 감각에 의해서 많은 부분이 좌우된다고 해도 과언이 아닙니다. 불감증과 같은 성적 감각의 저조는 섹스가 남자 위주로 이루어질 수밖에 없는 상황을 만드는 것이 사실입니다.

만약 그렇더라도 적극적이고 때로는 여자가 리드하는 모습을 보여 주십시오.

섹스가 남성에 의해서 리드되는 것이 일반적이지만 여성의 적극적인 표현에 의해서 서로 만족스러운 섹스도 가능합니다.

성인 남녀가 사랑을 하고 교제를 하게 되면 섹스는 당연한 것으로 받아 들여집니다. 사랑이 없거나 강제성에 의한 것이 아니라면 섹스는 당연히 사랑에 대한 가장 적극적인 표현 수단으로 향유될 수 있습니다. 그것이 어디까지 인정되어야 하는가는 당사자들이 결정할 문제입니다.

두 사람의 사랑에 대한 확신과 깊이는 두 사람만이 알 수 있듯이 사랑을 표현할 수 있는 행위가 어디까지인가도 역시 당사자들에 의해서 결정될 문제입니다.

만약에 두 사람이 서로에 대한 사랑을 확신한다면 섹스는 사랑을 느낄 수 있는 가장 적극적인 방법임에 틀림없습니다.

섹스 없는 1년보다는 섹스가 있는 1개월이 두 사람을 더 가깝게 만들 수 있다는 사실을 잘 알고 있을 것입니다. 물론 그 사랑의 깊이는 마음의 문제이겠지만 같은 깊이의 마음이라면 섹스는 더욱 두 사람을 하나로 만들어 줄 수 있습니다.

그렇다면 섹스를 사랑을 표현하는 적극적인 방법으로 생각하십시오. 두 사람에게 더욱 의미가 있고, 깊이가 있는 섹스는 두 사람의 사랑을 더욱 깊게 만들어 줄 수 있습니다. 그리고 이왕이면 두 사람 모두 만족할 수 있는 섹스를 즐기십시오.

남자의 자제력과 여자의 적극성이 있으면 365일 섹스를 즐길 수도 있습니다.

그 사람을 사로잡는 법 35

가벼운 남자를 만들자

기가 센 여자가 되어 보십시오

7년 간의 교제중에 여동생에게도 한 번의 위기가 있었습니다.

대학원을 졸업하고 얼마 전 취업을 한 남자 친구가 헤어질 것을 요구했기 때문입니다. 남자 친구가 헤어지려고 한 이유는 남자들을 슬프게 합니다. 그리고 한 남자로서 세상의 여자들에게 이제는 남자를 가볍게 만들어 주라고 말하고 싶습니다.

대학원을 졸업하고 직장을 다니기 전까지만 해도, 자신이 사랑하는 여자에게 많은 것을 해줄 수 있을 거라는 자신감이 있었을 것입니다. 그러나 막상 취업을 하고 직장 생활을 하면서

지금까지 생각하고 있었던 것들이 쉽지 않다는 것을 알게 됩니다. 한편으로는 사랑하는 사람이 부담으로 느껴질 수도 있습니다. 분명한 건 사랑이 식어서가 아니라 아주 많이 사랑하기 때문이라는 것입니다.

나는 여동생 남자 친구의 이러한 마음을 이해할 수 있을 것 같습니다.

남자에게는 사랑하는 여자의 행복을 책임져야 한다는 잠재의식이 있습니다. 여기에는 물질적인 행복도 많이 포함되어 있습니다. 그래서 때가 되면 직장도 가지고 안정적인 기반을 마련하기 위해서 힘든 일도 참고 견딥니다. 하지만, 막상 사회가 그렇게 호락 호락하지 않다는 것을 깨달으면서 기가 꺾이기 때문에 20대에 가지고 있었던 많은 꿈들을 잃어 버리기 시작합니다.

때로는 이 사회를 뛰쳐 나가서 다시 한 번 도전하고 싶지만 사랑하는 여자를 생각하면 그것도 쉽지가 않습니다. 앞으로 사랑하게 될 여자를 생각하면 안정된 기반의 필요성을 절실히 느낍니다.

남자의 이러한 경향을 소심하다는 말로써 몰아붙일 것이 못 됩니다. 그것은 남자들에게 무의식적으로, 본능적으로 잠재되어 있는 가족에 대한 책임 의식 때문입니다.

그러나 이제는 남자도 가벼워질 때입니다.

여자를 책임져야 한다는 강박관념에서 벗어나 가벼운 마음으로 자신의 꿈을 쫓을 수 있어야 합니다. 사랑하는 여자를 생각하자니 안정된 직장이 필요하고, 그러다보니 자신이 하고 싶은 일 따위는 포기해야 하는 것만큼 처량한 일은 없습니다. 남자에게 사랑과 자신의 꿈이 양자 택일의 문제가 되지 않게 하기 위해서는, 여자에게도 스스로 독립할 수 있는 능력이 있어야 합니다. 남자의 그늘에서 벗어나 남자에 의해서 여자의 인생이 좌우되지 않을 수 있어야 합니다. 그래야 남자가 가벼워질 수 있습니다.

이것은 반드시 남자를 위한 것만은 아니라, 여성 자신들을 위해서도 필요한 것입니다. 결혼을 하고 나서 자신을 주장하며 살기 위해서는 여자도 경제적 능력이 있는 게 좋습니다. 자신의 주장이 바가지 긁는 수준으로 받아들여지지 않게 하기 위해서도 이러한 부분이 필요합니다.

여자가 이혼을 하지 못하는 이유 중에 가장 큰 것이 경제적으로 막막하기 때문이라고 합니다. 그래서 괴롭더라도 참고 사는 것이 오히려 낫다고 생각하나 봅니다. 그것은 참으로 불행한 일입니다.

나는 여자들에게 기가 센 여자가 되라고 말하고 싶습니다. 아직도 우리 사회가 남자 위주의 구조적 모순을 가지고 있다보니 여자가 남자만큼 자신의 능력을 발휘하기 힘든 것이 사실입니다. 남자보다 여자가 능력 있다 하더라도 기껏해야 기가 센 여자로 몰아 붙여 버리기 일쑤입니다. 그래서 여자도 남자에게 의존해서 사는 것이 속편하다고 생각해 버릴 수도 있습니다.

남자가 여자보다 능력면에서 앞서기 때문에 가족의 책임은 남자의 몫으로 돌려지게 됩니다. 남자들도 그것을 당연히 받아들이고, 여자들은 부정하지 않기 때문에 남자들이 가벼워질 수 없습니다.

저도 이러한 사고가 뇌리 깊숙히 박혀 있습니다. 이왕이면 능력을 최대로 발휘해서 사랑하는 사람에게 멋진 남자로, 능력

있는 남자로 인정 받고 싶고, 많은 것을 해 주고 싶은 마음도 있습니다. 그러나 세상 남자들이 가벼워지고 싶을 때도 있다는 것을 알아야 합니다.

그래도 다행인 것은 사회가 많이 바뀌어서 여자도 하기에 따라서는 자신의 능력을 발휘할 수 있는 기회들이 많다는 것입니다. 육체적 힘이 요구되지 않는 분야에서 때로는 남자들보다 더 뛰어난 능력을 발휘하기도 합니다.

자, 여성분들도 자신의 능력을 키워 보십시오. 기가 센 여자가 되어 사랑하는 남자에게 지워져 있는 무게 중에서 약간만 자신의 것으로 돌려 보십시오. 그것은 사랑하는 남자를 가볍게 만들어 주는 일입니다. 그것은 내가 사랑하는 남자가 사회에서 또는 삶에서 받는 고통에서 조금은 벗어나 가벼운 마음으로 돌아갈 수 있도록 하는 일입니다.

사랑을 한다는 것은 좋은 일이나 그 사랑을 지켜 나간다는 것이 가히 쉽지 않는 것 같습니다. 사랑을 위해서 많은 부분을 포기해야 하는 것이 현실이고, 사랑을 위해서 많은 부분을 나누어야 하기 때문입니다.

세상의 모든 남자들이 약하기 때문에 삶의 짐을 무거워 하는 것이 아닙니다. 사랑하는 사람들에 대한 책임 의식이 강하다 보니 오히려 약해질 수 있는 것입니다. 그렇기 때문에 때로는 가벼워지고 싶어합니다.

그렇다면 남자를 가볍게 만들어 주십시오. 사랑이 책임으로 힘겨워하기 보다는 사랑 그 자체로 남기 위해서 말입니다.

그 사람을 사로잡는 법 36

추억이 있는 사람이 아름답다

추억은 아름답지만 과거는 상처가 될 수도 있습니다

사랑에 있어서 나는 불행했던 것 같습니다. 내가 사랑한 여자에게는 이미 애인이 있었거나, 나를 사랑한 여자는 내가 그렇지 못했습니다.

나는 지금까지 두 번의 사랑을 했는데 모두가 이 경우에 속했습니다. 한 여자는 나를 사랑했지만, 이미 2년 전부터 사귀고 있는 사람이 있었고, 양가에서 결혼이 확정된 상황이었습니다. 새로운 사랑을 만났지만, 그녀는 모든 상황을 뒤집지 못하고 그 사람과 결혼을 했습니다.

또 한 여자에게도 애인이 있었습니다. 그리고 그녀에게는 나를 받아들일 수 있는 마음의 여유가 없었습니다. 우리는 친구라는 선을 넘지 못했고, 나는 그녀를 위해서 중도에 포기할 수밖에 없었습니다.

나는 이 두 번의 사랑을 추억이라는 이름으로 좋게 기억하고 있습니다. 그리고 지금 세 번째 사랑을 하고 있습니다.

그녀는 내가 사랑한 여자 중에 나를 사랑하는 유일한 여자입니다. 그래서 어쩌면 나는 사랑에 있어서 행복한 사람일 수도 있습니다. 두 번의 잃어버린 사랑으로 인해 지금의 그녀를 더욱 사랑할 자신이 있기 때문입니다.

한때 사랑을 했던 흔적이 남아 있는 사람이 아름답게 느껴집니다. 나에게 그런 경험이 있어서가 아니라 사랑에 대한 추억이 있는 사람에게는 그 만큼의 사랑에 대한 깊이가 있어 보이기 때문입니다. 그 만큼 사랑의 아픔과 기쁨을 알기 때문에 나의 사랑도 한층 더 깊게 받아들일 수 있을 것 같고, 나도 그 사람을 더 사랑할 수 있을 것 같습니다. 그래서 추억이라는 것은 좋은 것 같습니다.

그렇다면 이별을 두려워 말고 사랑을 하십시오. 많은 사람들이 가능성이 없거나 헤어질 것이 뻔하다고 느껴지는 사람과는 아예 거리를 두려고 합니다. 자신이 헤어지는 슬픔을 견디기 힘들어서 일 수도 있고, 어차피 헤어질 사람에게 매달리는 것이 자신에게 손해라고 생각할 수 있어서 일 것입니다. 그러나 추억만으로도 충분한 가치가 있기 때문에 그것이 반드시 나쁜 것만은 아닙니다.

사랑에 대한 추억은 아름답지만 과거는 분명 그것과는 다릅니다.

추억은 그 때를 생각하면 마음이 흐뭇해지고 그 사람과 보낸 시간을 생각할 때마다 웃음 지을 수 있게 합니다. 그러나 과거는 당사자에게 상처로 다가오고, 어느 땐 자신을 사랑하게 될 사람에게도 같은 상처를 줄 수 있습니다.

내가 알고 있는 한 여자는 과거로 인해서 아직도 상처를 받고 있습니다. 그녀는 학교 후배이고 신입생일때 부터 줄곧 친하게 지내온 사이입니다. 그래서 그녀가 무엇 때문에 상처를 받고 있는지 잘 알고 있습니다.

그녀는 대학 3학년 때 한 남자를 만났습니다. 같은 학교 공대생이었는데 학과 선배의 소개로 만났다고 합니다. 두 사람의 사랑이 너무 강해서였는지 적당한 때가 오기를 기다리지 못하고 동거라는 길을 선택했습니다.

처음에는 주위에서 야유도 했었지만 두 사람은 전혀 개의치 않았고 차츰 많은 선후배와 친구들은 두 사람의 사랑을 믿기 시작했습니다. 그러나 불행히도 두 사람의 사랑이 끝까지 가지 못하고 끝났습니다. 언젠가 그녀를 만났을 때, 많이 힘들어 하고 있음을 느낄 수 있었습니다.

사랑하는 사람과 헤어져서가 아니라 자신에게 과거가 있다는 사실에 힘들어 하는 것 같았습니다. 주위에서 많은 사람이 아는 과거는 평생 자신을 따라 다니며 괴롭힐 수도 있습니다.

그녀도 그 때는 지금의 사랑이 전부라고 믿었을 것이고, 헤어짐이란 생각지도 못했을 것입니다. 그러나 사람의 일이라는 것은 알 수 없는 것이고, 마지막 사랑을 만날 때까지 어느 정도의 자제는 필요한 것입니다. 그렇지 못했을 때는 자신도 그 사람을 떳떳하게 대하지 못하고, 그 사람에게도 피할 수 없는 고통을 준다는 사실을 알아야 할 것입니다.

사람을 사랑하면 그 사람의 과거까지도 사랑하라는 말이 있지만 현실에서는 쉽지 않는 일입니다. 우리가 살아가면서 많은 사랑이 오고 가는 가운데 결국은 마지막 사랑이 가장 중요할 수도 있습니다. 그 마지막 사랑을 위해서 자신을 아껴 두는 것도 사랑할 사람에 대한 배려입니다.

지금의 사랑이 가장 클 것 같고 마지막일 것 같지만 그래도 확정이 될 때까지는 과거가 될 수도 있는 일은 만들지 마십시오. 아무리 사랑했던 사람도 잊는 것은 오히려 쉬울 수 있지만, 그 사람과 함께 했던 시간들은 생각 외로 오래 갈 수 있습니다.

그것이 추억을 넘어 과거가 된다면, 당사자에게 오랫 동안 상처로 따라다닐 수 있고, 더구나 사랑하게 될 사람에게까지 상처를 줄 수 있습니다.

상대방은 당신을 포기할 수 없기 때문에 당신이 가지고 있는 과거가 고통이 될 수 있습니다.

사랑을 한다는 것은 분명 좋은 일입니다. 사람이 태어나서 딱 한 번의 사랑으로 끝난다면 문제가 될 건 없지만, 그렇지 못할 가능성이 더 많기 때문에 자신을 관리하는 일이 중요합니다.

자신에게도 상처가 되고 앞으로 사랑하게 될 사람에게도 상처가 될 일을 만들지 않는 것도 사랑하는 하나의 방법입니다.

살면서 많은 사람을 만나고, 많은 사랑을 하십시오. 그러면 사랑에 대한 추억으로 아름다워질 수도 있습니다. 그러나 과거가 될 만한 일들은 만들지 마십시오.

자신을 위해서…….
사랑하게 될 사람을 위해서도…….

그 사람을 사로잡는 법 37

편지를 쓰자

고지서들로 가득 찬 우편함 속의 편지는 사랑입니다

통신 수단의 발달이 반드시 좋은 것만은 아닌 것 같습니다. 모든 일들이 신속하게 처리되다 보니까 사람과 사람 사이의 인간적 관계마저 숨이 가쁩니다. 사람들은 화가 나면 잠시 생각할 겨를도 없이 당장 전화를 해서 따지고 봅니다.

만약 전화와 같은 통신 수단이 없었다면 그 곳으로 달려 가는 사이에 흥분이 가라앉을 수도 있었을 것입니다. 따질 때 따지더라도 제 정신으로 따질 수 있고, 적어도 이성을 잃고 흥분된 상태에서는 벗어 날 수 있을 것입니다.

더구나 핸드폰이 난무하는 요즘은 사람들에게서 마음의 여유가 더 많이 사라져버린 것 같습니다. 물리적 시간들은 낭비되지않겠지만, 그만큼 정신적인 여유는 분명 잃고 있습니다. 약속 시간에 조금만 늦어도 핸드폰으로 몇 번을 연락하고, 그 사람이 어디쯤 오고 있는지 확인을 해야 직성이 풀립니다.

홍대 앞이나 대학로같이 약속 장소로 널리 알려진 곳을 지나다 보면 많은 사람들이 너나 할 것 없이 핸드폰으로 전화하고 있는 모습을 쉽게 볼 수 있습니다.

그들의 대화는 대부분 동일합니다.

"지금 어디 쯤 오고 있어?"

"왜 이렇게 늦는 거야?"

조금 늦더라도 느긋하게 기다려 주던 여유있는 마음이 많이 사라진 것 같습니다.

발달된 통신 수단에 밀려 우리에게 잊혀져 가는 것이 또 하나 있습니다.

편지가 그것입니다. 요즘 우체국에서는 편지보다는 고지서들을 배달하기에 바쁜 것 같고, 우편함을 가득 채우고 있는 각종 고지서를 보면 우체국이 타업체의 수금 대리기관 쯤으로 느껴지기도 합니다.

아파트 현관에 나열되어 있는 우편함에는 어느 집에도 편지를 찾아 보기 힘듭니다. 그 만큼 편지를 쓰는 일이 줄어든 것 같습니다. 사랑하는 사람들 사이에서도 마찬가지입니다.

이 글을 읽고 있는 독자분은 사랑하는 사람에게 얼마나 자주 편지를 쓰십니까? 혹시 만나서 지금까지 한 번도 편지를 쓰지 않은 것은 아닙니까?

하루에 몇 번씩 전화를 하고, 일주일에 적어도 두세 번은 만나기 때문에 편지같은 것은 별 소용 없는 구시대의 유물 정도로 생각하는 것은 아닌지요?

편지를 쓴다는 것은 참 귀찮은 일일 수도 있습니다. 할 말이 있을 때마다 전화를 하는데 너무 익숙해져 있다보니, 시간과 노력을 투자해서 글을 쓰고 거기에다 우표를 붙이고 우체통에 넣는 번거로움이 싫습니다. 그러나 이러한 번거로움이 있기 때문에 편지는 받는 사람을 더욱 기쁘게 해줄 수 있는 것입니다. 때로는 편지가 전화와 같은 통신 수단보다 훨씬 유용할 수 있습니다.

 편지에는 말 한 마디에도 정성이 들어 있고, 단어 하나 문장 하나를 적기 위해서 얼마나 신중했는지 그리고 자신을 사랑하는 마음이 얼마나 강한지도 느낄 수 있습니다. 그렇게 많은 시간을 만나고 많은 말들이 오갔지만 편지에서와 같은 느낌을 받은 적은 얼마 되지 않을 것입니다. 어쩌면 없을런지도 모릅니다.

마음속에 담고 있는 말들은 얼굴을 마주 대하기보다는 편지를 쓸 때 훨씬 잘 전달될 수 있습니다. 말이라는 것이 그렇습니다. 하기 전에 깊이 생각하기보다는 즉흥적이기 쉽고 그래서 많은 시간들을 농담하고 투정하고 웃다가 헤어지곤 합니다. 아무리 많이 전화하고 자주 얼굴을 대하더라도 진짜 하고 싶은 말들, 깊이 생각하고 있는 말들을 끄집어 내기란 여간 어렵지 않습니다. 이런 말들을 글로 적어서 보내보십시오.

각종 고지서로 가득 찬 우편함에서 사랑하는 사람으로부터 온 편지가 섞여 있다면 얼마나 기분 좋겠습니까? 아마도 그 사람에게 행복함을 맛보게 해줄 수 있을 것입니다.

한 달에 한 번 쯤은 처음 만났을 때의 느낌으로 편지를 보내십시오. 두 사람 사이에 있었던 재미있었던 일들을 다시 떠 올릴 수 있는 글을 적으십시오. 아니면, 앞으로 같이 해야 될 일들, 하고 싶은 일들을 적어 보고 글 쓰는데 재주가 없다면 간단한 메모라도 적어서 보내십시오.

자신이 보낸 글들은 그 사람에게 오랫 동안 남을 수 있습니다. 돌아 서면 많은 부분을 잊어 버리는 말들에 비하면, 오랫 동안 간직하고 다시 읽을 수 있는 글은 분명 두 사람 사이에 사랑이 지속되고 있음을 알려 줄 것입니다.

핸드폰으로 전화를 했을 때, 당사자는 받지 않고 반갑지 않은 안내원의 지극히 사무적인 목소리만 듣게 되는 것만큼 기분 나쁜일도 없습니다. 호출을 하고서 연락 오기를 기다리는 것도 썩 기분 좋은 일은 아닙니다. 가끔씩은 이런 것들로부터 벗어나 편지를 써보십시오.

　기쁜 이야기도 적고, 슬픈 이야기도 적고, 하고 싶었던 말도 적고, 듣고 싶은 말도 적고……. 지금이라도 늦지 않았습니다. 오늘밤, 사랑하는 사람에게 그 사랑이 여전히 지속되고 있음을 알리는 편지를 쓰십시오.

그 사람을 사로잡는 법 38

같이 할 수 있는 일을 만들자

같이 나눌 수 있는 이야기 거리를 만드는 것이 중요합니다

대학교 2학년 때 불문학을 전공하는 여학생을 만난 적이 있습니다. 교양 수업 시간에 처음 본 후 그 여학생의 관심을 끌기 위해 불문학에 관한 자료들을 찾아 헤매다녔던 기억이 납니다. 그리고 며칠 동안 밤 늦도록 그것들을 읽었던 것 같습니다.

그 때 이러한 나의 노력은 그 나름대로 효과가 있었습니다. 그녀와 처음으로 이야기 할 기회가 왔을 때, 자신이 전공하고 있는 분야에 대해서 이야기를 들어주고 내 소견을 말하는 것을 보고 그 여학생은 무척 놀라는 것 같았습니다.

공통의 화제거리를 가지고 있다는 것이 그 여학생에게 좋은 인상을 주었던 것 같습니다. 그 대화로 인해서 우리는 다음에 다시 만날 수 있었습니다.

사랑하는 남녀가 처음 만날 땐 할 이야기가 많을 수도 있습니다. 서로에 대해서 아는 것이 별로 없기 때문에 알고 싶은 것도 많고 하고 싶은 이야기도 많습니다. 그러나, 만나는 시간이 길어질수록 말 수가 줄어 들고 마땅히 할 수 있는 일들도 적어집니다.

영화나 연극을 보는 것도 한두 번이지 그것도 자꾸 하다보면 싫증이 날 수 있습니다. 만나서 무엇을 해야할지 헤매다보면 괜히 짜증나기 일쑤이고, 그렇다고 특별한 것도 없기 때문에 지루해 질 수 있습니다.

남자와 여자가 만나고 서로에 대해서 많은 것을 알게 되고 결혼을 하고…… 이렇게 시간이 지나다 보면 얼마 못 가서 두 사람 사이에 이야기 할 기회가 줄어들게 된다고 합니다. 연애 시절만큼 둘이 마주 앉아서 이야기를 나눌 수 있는 시간은 거의 없어진다고 합니다.

그것은 두 사람 사이에 대화할 시간이 없어서가 아니라 공통된 이야기 거리가 없어지기 때문입니다. 사랑이 식어서가 아니라 할 말을 잃어가기 때문입니다.

두 사람 사이에 오는 이야기의 단절이 반드시 결혼을 한 사람들에게만 찾아오는 것은 아닙니다.

연애 기간이라고 해서 예외가 될 수 없습니다. 처음에야 모두 자신들은 그럴 리가 없다고 말 하지만 많은 연인들이 또 그렇게 되었고 자신들도 또 그렇게 될 가능성이 높습니다.

요즘 남자들은 자신의 아내가 집에서 살림만 하는 것을 원하지 않습니다. 꼭 경제적인 면 때문에 그런 것이 아니라, 남자는 밖에서, 여자는 안에서 각각 별개의 생활을 지속하다 보면 두 사람 사이에 이야기가 단절될 지도 모른다는 염려 때문입니다. 이것은 공동의 화제거리가 없기 때문에 나타나는 일반적인 현상입니다.

나도 아내가 집에서 살림꾼으로 전락하는 것은 싫습니다.

오직 남편만을 기다리며 하루를 보낸다는 것은 비참할 수도 있고, 나 역시도 그렇다고 집에 돌아와서 특별히 할 말도 없습니다. 잘못하면 서로간의 단절감만 증대되고 괜시리 짜증만 늘 수 있습니다. 그래서 사랑하는 남녀 사이에서는 공동의 이야기거리를 만들어서 두 사람 사이에 많은 공감대를 형성할 필요가 있습니다. 사랑하는 사람끼리는 말없이도 통한다고 하지만 대체로 이야기의 단절은 마음의 단절로 이어지기 쉽습니다. 그래서 대화가 중요한 것입니다.

사람 사이에서의 이야기거리는 아무래도 같이 하는 일이 있을 경우에 많이 생기기 때문에, 두 사람이 함께 할 수 있는 공동의 일들을 찾아 보라고 권하고 싶습니다.

주말이면 같이 등산을 하는 것도 좋고, 운동을 같이 즐기는 것도 좋으며, 공동의 취미를 찾는 것도 좋을 것 같습니다.

아주 오랫만에 만난 친구는 무척 반갑지만 몇 분 이야기하다 보면 할 말을 잃는 경우처럼, 공동으로 해온 일이 없으면 공동의 이야기 거리도 사라지게 됩니다. 그리고 평소에 하지 않던 일들을 어느 날 갑자기 시작한다는 것도 쉽지 않기 때문에 비록 결혼을 하지는 않았지만 연애 시절부터 두 사람이 공동으로 할 수 있는 일을 마련해둘 필요가 있습니다. 두 사람이 서먹서먹해진 상태에서 무엇을 시작한다는 것도 사실 어렵습니다.

항상 같이 있고 싶어하는 연애시절부터 공동의 일들을 만든다면 시간이 흘러서 결혼을 하더라도 함께 무엇을 하는 것이 어색하지 않을 수 있습니다.

사랑은 노력을 해야 지속됩니다. 내가 먼저 그 사람이 하고 있는 일들에 대해서 관심을 가지고 참여해 보십시오. 그러면 두 사람 사이에 많은 이야기들이 오고 갈 수 있을 것입니다.

이야기가 끊기지 않을 때 서로에 대해서 더 많은 이해와 사랑이 남아 있게 될 것입니다.

그 사람을 사로잡는 법 39

가난한 연인이 될 수 있어야 한다

두 사람이 가난해도 초라하지 않을 때가 연애 시절입니다

돈이 인생의 전부는 아니지만 많은 부분을 차지하고 때로는 하지 못하는 일들을 가능하게 만들어 줍니다.

사랑으로 모든 것을 극복할 수 있다고 생각할 수도 있지만, 사랑을 지속적으로 유지시켜 주는 데는 돈의 역할이 클 수도 있습니다. 사랑하는 두 사람이 결혼을 하고 아이를 낳고 가정을 꾸려 나가다보면 돈 쓸데가 그렇게 많을 수 없습니다.

결혼하기 전에 누리던 문화 생활의 여유가 줄어듭니다. 시간이 없거나 마음이 없어서가 아니라 일정한 수입으로 이것저것 꾸려나가야 하기 때문에 당분간 생활의 여유는 미뤄 두게 마련입니다.

미래를 위해서 일정액 저축도 해야 합니다. 그래도 두 사람은 사랑만 있으면 행복하다고 말할 수 있지만, 10을 가진 사람보다는 100을 가진 사람이 아무래도 여유가 있게 마련이고, 생활에 여유가 있을 때 서로 더 행복할 수 있습니다.

　돈은 이렇게 우리의 삶을 좌우하는 경우가 많습니다. 사랑을 반드시 돈과 직접 연결시킬 수는 없는 문제이지만 돈과 별도의 문제로 생각할 수도 없습니다. 그런데 젊을 때 돈을 모은다는 것은 참 어려워 보입니다.

　주위에서 이런 말을 많이 듣습니다.

　"결혼해야지 돈을 벌지……."

　결혼하기 전에도 돈이야 벌고 있지만, 이 말은 저축을 하지 못한다는 뜻으로 받아들일 수 있을 것입니다.

　친구들을 보아도 그렇습니다. 졸업을 하고 직장을 가지게 되면 학창 시절에 써 보지 못한 것이 한이라도 된 것처럼 씀씀이가 헤퍼집니다. 심지어 취업이 결정되면 그 때부터 쓰기 시작하는 친구도 있고, 어떤 친구는 아예 신용카드로 먼저 쓰고서 월급을 타면 막아 넣는 악순환을 반복하는 친구도 있습니다.

　여기에다 사랑하는 사람이 생기면 씀씀이에 가속도가 붙습니다. 영화도 봐야 하고 맛있는 저녁도 먹어야 하고 가끔 둘이서 분위기 있는 곳에서 술도 한 잔 해야 합니다. 둘이서 데이트를 하면 보통 몇 만원 정도는 많은 돈이 아니며 약간 무리를 하

면 육, 칠 만원도 어디로 갔는지 달아나 버립니다. 일주일에 두세 번 만나도 그 비용이 만만치 않다 보니 연애 시절에 저축을 하기란 쉽지 않습니다. 가난한 연인이 되기를 거부하다 보면 결혼하기 전에 돈을 모은다는 것은 어렵습니다.

연애 시절에는 그래도 환상 속에서 살 수 있습니다.

가끔씩 만나기 때문에 현실적인 생활과는 거리가 있는 시간입니다. 만나면 영화를 보거나 차를 마시거나 가까운 시외로 나들이를 가는 여유로운 시간들만 보내기 때문에 현실과는 약간 거리가 있습니다. 그러나 두 사람이 결혼을 하면, 이러한 시간들에게 작별을 고하고 현실적인 생활을 시작해야 합니다. 가끔씩은 연애 시절로 돌아가겠지만 그것도 여유가 있어야지 마음 편하게 할 수 있는 것입니다.

두 사람이 연애를 할 때는 가난한 연인이 된다고 해서 초라하지 않지만 결혼을 하면 다릅니다. 둘이서 같이 돈 때문에 신경을 쓰게 되면 사랑도 그 다음이 될 수 있습니다. 그렇기 때문에 연애 시절에는 가난하게 보내는 것이 두 사람이 좀 더 여유를 가지고 사랑을 나눌 수 있는 바탕이 될 수 있습니다.

연애 시절에는 가난한 연인이 되도록 하십시오. 두 사람이 가난해도 초라하지 않을 때가 연애 시절이며, 가난한 연인이 되어 보는 것도 나쁠 건 없습니다. 두 사람에게는 풍요한 미래가 있을 테니까요.

주위사람을 살펴봐도 결혼을 하고 나서부터 본격적으로 저축을 시작하는 경향이 일반적인 것 같습니다. 그래서 결혼을 해야지 돈을 모은다는 말이 생긴 건가 봅니다.

샐러리맨을 기준으로 볼 때 어느 정도 안정된 생활을 영유하기까지는 10여 년이 걸린다고 합니다. 물론 그 때까지 계속 궁핍한 생활을 하는 것은 아니겠지만 결혼 초반 2~3년은 어려운 것이 보통이라고 합니다. 그나마 결혼하기 전에 저축을 해 놓은 돈이 조금이라도 있으면 많은 도움이 될 것입니다.

사랑은 한 순간만 하고 마는 것이 아니며 될 수 있는 한 오래도록 지속하고 그 사랑이 변치 말아야 합니다. 그런 사랑이 돈 때문에 방해 받는다면 슬픈 일입니다.

때로는 가난한 연인이 된다는 것이 두 사람에게 더 좋은 추억거리를 만들어 줄 수도 있습니다.

동생과 남자 친구는 한 때 꽤 가난한 연인이었습니다. 그 때는 물론 돈이 없었기 때문에 가난한 연인이 될 수밖에 없었을 것입니다.

언젠가 동생에게 이런 이야기를 들은 적이 있습니다. 두 사람의 주머니를 다 털어도 커피 값이 없어서 추운 겨울에 학교 교정을 배회한 적이 있었다고 합니다. 지금은 약간 여유가 생겼지만 그 때를 생각하면 두 사람의 사랑이 더 커짐을 느낀다고 합니다. 그리고 지금도 계속 가난한 연인이기를 고집하고 있습니다.

두 사람은 가난한 연인이었던 만큼 나중엔 더 여유 있는 사랑을 할 수 있다는 것을 알고, 가난한 연인인 시절이 고통이 아닌 즐거움으로 남는다는 것도 알고 있기 때문입니다.

그 사람을 사로잡는 법 40

몸이 멀어지면 마음이 멀어진다

이왕이면 사랑하는 사람들은 함께 있는 것이 좋습니다

이 글을 쓰는 데에는 몇 가지 이유가 있습니다. 그 중에서도 가장 큰 것은 지금 멀리 떨어져 있는 그녀에게 뭔가 근사한 것을 선물해 주고 싶어서입니다. 그리고 그녀에 대한 사랑이 흐려지지 않게 하기 위해서이기도 합니다.

나에겐 큰 인물이 될 자질은 없는 것 같습니다. 지금까지 스스로 자부하는 자유주의자였고, 내가 하고 싶은 일들만 하면서 살아 왔습니다. 그리고 이루고 싶은 꿈들은 절대 포기하지 않는 투지도 있다고 생각했습니다. 그러나 3년 동안 해오던 일을 얼마전에 그만 두었습니다. 남자로서 한 여자에 대한 책임감을 느꼈기 때문이라고 해도 괜찮을 것 같습니다. 이제는 내가 하고 싶은 일만 할 수는 없을 것 같고, 그녀를 위해서도 다른 것을 해야겠다는 생각을 했기 때문입니다. 그럼에도 불구하고 사실 나에게서 그녀에 대한 이미지가 흐려지고 있음을 느낍니다.

헤어진 지 3개월 밖에 되지 않았는데 나에게 과연 그녀가 존재하고 있었던가하는 의심이 가기 시작합니다. 그녀도 나와 똑같은 생각을 하고 있을지도 모른다고 생각하면 괜히 처량해집니다.

우리는 짧은 기간을 만나고 긴 시간을 헤어져 있기로 했습니다. 나는 나의 꿈을 위해서, 그녀는 그녀의 꿈을 위해서 그 동안 참기로 약속을 했습니다. 그리고 그 약속은 지켜질 것입니다. 그러나, 그녀와 함께 보냈던 15일 간이 한 여름에 꾸었던 꿈만 같이 느껴지는 것도 사실입니다.

나는 사랑하는 사람에게 각자의 꿈을 위해서는 기다려 줄줄 아는 아량도 필요하다고 말했습니다. 꿈을 잃고 사랑하는 것보다는 잃지 않고 사랑하는 것이 더 좋은 것이라고 했습니다. 그래서 때로는 오랫 동안 헤어져 있더라도 어쩔 수 없다고 했습니다. 그러나 이왕이면 사랑하는 사람들은 함께 있도록 하십시오. 몸이 멀어지면 마음도 멀어진다는 말이 있습니다. 아마도 경험이 많은 사람들에 의해서 만들어진 말이거나 오랫 동안 지켜 본 결과 결론지어진 일반적인 현상을 말했을 것입니다.

사랑하는 사람이 멀리 떨어져 있으면, 각자의 마음에서 상대방에 대한 이미지가 흐려지기 때문에 그 사랑도 금이 갈 위험은 있습니다. 사랑하지 않는 사람보다는, 사랑하는 사람이 있는데 만나지 못하는 것이 사람을 더 외롭게 만들 수 있습니다. 그러다보면 그 사이에 새로운 사랑이 끼여들 여지도 분명 있습니다.

"너를 사랑하는데…… 어쩔 수가 없었어……."

흔히 듣는 이야기이고, 나에게도 일어나지 말라는 법은 없기 때문에 사랑하는 사람들은 함께 있는 것이 좋습니다. 서로 매일 같이 만나서 매일 같이 싸우더라도 떨어져 있는 것보다는 그 사랑을 지킬 가능성이 높습니다.

서로의 꿈도 이왕이면 함께하면서 함께 이루어 나가도록 하십시오.

어쩔 수 없이 얼마간 떨어져 있을 수밖에 없다면 몰라도 그렇지 않다면 함께 하도록 하십시오. 사랑한다는 것은 알고 보면 많은 시간을 함께 한다는 것일 수 있습니다. 그래서 두 사람 사이에 더 많은 정들을 만들어 두는 것일 수 있습니다. 두 사람 사이에 다른 사랑이 끼여들 틈을 주지 않는 것일 수 있습니다.

그렇다면 사랑하는 사람들 사이에는 잠시나마 헤어짐이 없는 것이 좋습니다. 아마도 그래서 사랑하는 연인들은 결혼을 서두르나 봅니다.

그 사람을 사로잡는 법 41

남자와 여자가 만날 때

사랑 그 자체가 가장 효과가 큰 테크닉이기 때문입니다

나는 20대를 살아가고 있는 젊은이들의 가장 큰 희망은 사랑이라고 생각합니다. 사랑하고 싶은 간절함 속에서 그 대상을 기다리며 20대의 외롭고 허전한 시간들을 견딥니다. 사랑만큼 간절한 것도 없으면서, 사랑만큼 마음대로 되지 않는 것도 없습니다.

길 가는 사람들 중에도 눈길을 끄는 멋진 사람들이 많은데 왜 자신의 주위에는 아무도 없는지 안타깝습니다. 모처럼 마음에 드는 사람을 만났는데, 이미 사랑하는 사람이 있다고 합니다.

상대방에게 사랑하는 사람이 없다고 해도 일이 잘 풀리지는 않습니다. 내가 들어갈 작은 방 하나 마저 그 사람에게는 없는 것 같습니다. 마음만 아플 뿐이고 멀어져 가는 모습을 지켜보아야 하는 쓸쓸함만 남습니다.

그러나 사랑은 언젠가 전혀 예상하지 않은 장소에서 전혀 예상하지 않은 때에 찾아올 것입니다. 우리에게 필요한 것은, 이러한 기회가 왔을 때, 그 사랑을 받아들일 수 있는 마음과 기회를 놓치지 않는 적극성입니다. 그래서 사랑이 다가올 때를 대비해 마음의 준비를 해 두라고 했습니다.

사랑에 대한 지나친 환상을 버리고, 자신의 눈높이에 맞는 대상에 만족할 수 있어야 하고, 사랑하는 사람을 편안하게 할 수 있는 유머와 센스가 필요하고, 신선한 사고와 아름다운 외모에 신경을 쓰고, 상대방에 자신을 맞출 수 있는 폭넓은 마음이 있어야 하고, 결혼에 대한 고정관념을 버리고, 우리가 기대하는 사랑이 없다는 것도 알아 두라고 했습니다.

사랑에는 테크닉도 필요하다고 했습니다. 우리에게 다가온 사랑을 놓치지 않기 위해서 약간의 테크닉을 발휘할 필요가 있다고 했습니다.

인연을 만들기 위해서는 적극적인 노력을 하고……

키스로써 상대방의 마음을 잡을 줄도 알아야 하고……

유치하지만 로맨스가 될 수 있는 일들을 만들고……

사랑하는 사람을 찾기 위해선 거리로 뛰쳐 나갈 수 있을 정도의 용기를 가져야 하고……

때로는 야한 농담도 할 수 있어야 하고……

우연을 가장한 필연을 만들어 보라고도 했습니다. 그러나 나도 사람을 사랑하는 간절한 마음 그 자체가 가장 큰 테크닉이라는 것을 부정할 순 없습니다.

어떤 테크닉보다도 사랑에는 '진정으로 사랑하는 마음'이 중요합니다.

사랑은 인류가 가장 많은 관심을 보여 온 테마임에도 불구하고 명확한 이론서 하나 없습니다.

그러나, 사랑하는 사람이 사랑하지 않고는 못 견딜 정도로 그 사람을 사랑하는 것이 가장 확실한 사랑의 성공법이라는 것은 자신있게 말할 수 있습니다.

사랑을 못 이루고 실패하면 어떻습니까? 그것이 두려워서 사랑을 멈추기보다는 사랑의 실패가 나를 두려워 할 만큼 누군가를 사랑해 보는 것도 멋진 일일 것입니다.

아주 오랫동안 못 잊을 만큼, 오직 그 사람만을 생각하며 밤새도록 눈물을 흘릴 만큼 누군가를 사랑해 본 적이 있습니까? 그럴 용기는 있습니까?

이 말에 고개를 절래절래 흔든다면 당신은 어떠한 사랑의 테크닉을 다 사용한다고해도 그 힘을 발휘하지 못할 것입니다.

왜냐하면 '진정으로 사랑하는 마음' 그 자체가 가장 효과가 큰 테크닉이기 때문입니다.

김태광 지음/값 9,000원

지혜의 소금창고

행복을 전해주는 삶속의 비타민같은 책

누구나 인생을 살다보면 뜻하지 않게 어두운 터널을 지나게 된다. 때론 희망을 갖기에 너무 힘들어 포기하고 싶을 때도 있다. 이 책은 우리에게 터널을 지나고 나면 밝은 빛이 있다고 얘기한다. 언제나 인내와 희망의 빛을 놓지 말라는 메시지가 담겨있다.

—이경애 교보문고 북마스터

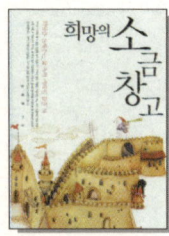

김태광 지음/값 9,500원

희망의 소금창고

희망을 전해주는 삶 속의 비타민 같은 책

도중에 포기하지 말라. 망설이지 말라. 최후의 성공을 거둘 때까지 밀고 나가자.
우리는 다시는 살 수 없는 인생을 살고 있습니다. 저마다 맡은 역할은 다르지만 어느 하나 소중하지 않은 역할이란 있을 수 없습니다. 우리는 먼 훗날 삶의 뒤안길에서 자신이 걸어온 발자취를 뒤돌아볼 때 후회하지 않도록 살아야 합니다. 그러기 위해서는 진실하고 가치 있는 삶을 살도록 부단히 노력해야 합니다.

나카지마다카시 지음/값 9,900원

이상하게도 하는 일마다 잘 되는 사람들의 노하우

허물을 벗지 못하는 뱀은 죽듯이 인생은 매순간 선택의 연속이다.

- 정확한 판단은 어떻게 해야 하는가?
- 흔들림 없는 결단을 위한 방법으로 어떤 것이 있는가?
- 최상의 의사결정을 하기 위한 합리적인 과정이란 무엇인가?

이 세상 모든 일이 기회라고 생각하는 사람이 있는 반면 전부 위험이라고 여기는 사람이 있다. '아무도 한 적이 없다'고 할 때 이것을 기회라고 판단하는가, 위험이라고 판단하는가에 따라 성공은 좌우된다.

상대방이 절대로 거절하지 못하는 대화법

까다로운 상황에서 어떤 말을 해야 인간관계를 망치지 않을까?

고도의 화술은 능력있는 사람과 일할 기회를 제공하는데,
이는 한 사람에게 일생일대의 행운이 돌아간다는 것을 의미한다.
이 책은 대다수 사람들이 피하고 싶어하는 솔직한 대화에 초점을 맞춘다. 자녀, 부모, 친구, 상사, 부하직원, 이웃, 동료, 파트너 등에게 하기 어려운 말이 있을 때 이 책이 여러분의 지침이 될 것이다.

앤 딕슨 지음/값 9,500원

내 삶의 전부를 눈물로 채워도…

세상이 버린 그 길 위에서 나는 춤추련다

사랑은 말로만 하는 것이 아닙니다.
사랑은 내가 가진 모든 것을 상대에게 던져줄 때 비로소 완성되는 것입니다.
사랑은 가슴으로만 하는 것이 아닙니다.
사랑은 상대가 가진 모든 것을 받아줄 때 비로소 이루어지는 것입니다.

백선경 지음/값 9,500원

우리 집에 놀러 온 7명의 괴짜 천재들

인간의 모든 삶의 영위는
결국 참되게 잘 살기 위한 궁리인 것이다.

왜 철학이라는 것이 있으며, 왜 사람들은 철학서를 읽는 것인가?
그건 오래 살던 짧게 살던 중요한 것은 참되게 잘 살기 위함이다.
즉, 삶에 대한 진지한 자세와 관심이 곧 철학인 것이다.

한국간행물윤리위원회 추천 권장도서로 선정

기하라 부이치 지음/값 10,000원

소중한 인연 앞에 놓아 주고싶은 책(핸디북)

초 판 1쇄 인쇄 | 2008년 1월 3일
초 판 5쇄 발행 | 2008년 5월 8일

지은이 | 양명호
펴낸이 | 박대용
일러스트 | 김희연, 박광진
펴낸곳 | 도서출판 징검다리

주소 | 413-834 경기도 파주시 교하읍 산남리 292-8
전화 | 031)957-3890, 3891 팩스 | 031)957-3889
이메일 | zinggumdari@hanmail.net

출판등록 | 제10-1574호
등록일자 | 1998년 4월 3일

ISBN 978-89-6146-106-1

*잘못 만들어진 책은 교환해 드립니다